Gustav Freytag

# Karl der Große. Friedrich Barbarossa.

Minnesang und Minnedienst
zur Hohenstaufenzeit



SEVERUS

**Freytag, Gustav**: Karl der Große. Friedrich Barbarossa. Minnesang und Minnedienst zur Hohenstaufenzeit.
Hamburg, SEVERUS Verlag 2014

ISBN: 978-3-95801-101-4
Druck: SEVERUS Verlag, Hamburg, 2014
Nachdruck der Originalausgabe von 1917

Der SEVERUS Verlag ist ein Imprint der Diplomica Verlag GmbH.

Bibliografische Information der Deutschen Nationalbibliothek:
Die Deutsche Nationalbibliothek verzeichnet diese Publikation in der Deutschen Nationalbibliografie; detaillierte bibliografische Daten sind im Internet über http://dnb.d-nb.de abrufbar.

SEVERUS

# Gustav Freytag:

## Karl der Große. — Friedrich Barbarossa. — Minnesang u. Minnedienst zur Hohenstaufenzeit

# Inhalt.



Ein Bild Gustav Freytags ist hinter Seite 4 eingeheftet.

Kein deutscher Schriftsteller nach Goethes Tode hat stärkere Wirkungen auf sein Volk ausgeübt als Gustav Freytag. Am 13. Juli 1816 zu Kreuzburg in Schlesien geboren, starb er nach langem, arbeits- und erfolgreichem Leben am 11. April 1895 in Wiesbaden, nachdem alle Ehrungen, die wir einem Dichter widmen können, auf sein Haupt gehäuft worden waren.

Freytags bekannteste Werke sind das Lustspiel „Die Journalisten", das unzählige Aufführungen erlebt hat und noch immer über die Bühnen geht — der Kaufmannsroman „Soll und Haben", der vielen tausenden deutscher Familien ein Hausbuch wurde — der Gelehrtenroman „Die verlorene Handschrift" — die sechsbändige Romanreihe „Die Ahnen", die uns die Schicksale von Gliedern derselben deutschen Familie in verschiedenen geschichtlichen Zeiträumen in dichterischer Form vor Augen stellt. — Noch bedeutender als diese Dichtungen sind aber Freytags „Bilder aus der deutschen Vergangenheit". Hier zeigen sich seine Gaben in reichster Entfaltung: der sicher beobachtende Blick, das unbeirrbare Pflichtgefühl, der wohlwollende Sinn, mit dem er jedes ehrliche Streben, jede tüchtige Leistung beurteilt, die Gediegenheit seiner Gesinnung, das edle Pathos seiner Sprache. Wie er in seinen Romanen nicht etwa nur der Dichter des Bürgertums ist, sondern die ganze Ausdehnung des deutschen Alltagslebens seiner Zeit umspannt, so zeigt er uns in den „Bildern" das seelische Leben unserer Vorfahren und die wechselvolle Gestaltung ihrer Geschicke. Von dem Eintritt der Germanen in die Weltgeschichte an bis in die jüngste Vergangenheit führt er uns das Leben typischer einzelner Deutscher vor, um es uns durch die Verhältnisse ihrer Zeit zu erklären und in der Beleuchtung geistvoller Vergleiche und warmer menschlicher Teilnahme lebendig zu machen. Seine umfassende Kenntnis der seelischen Haltung, der Bedürfnisse, Wünsche, Ansprüche, Leidenschaften und Ideale der verschiedenen Zeitalter befähigten ihn, in den „Bildern" eine großartige Biographie des deutschen Volkes zu schreiben, der kein fremdes Volk etwas Ähnliches zur Seite stellen kann. Sie enthüllt uns alle großen Seelenregungen, die es durchlebt hat, sie deckt uns seine großen Entschlüsse wie seine kleinen Liebhabereien, seine Vorzüge wie seine Schattenseiten mit gleicher Liebe auf.

Aus dieser prächtigen Kulturgeschichte unseres Volkes sind im folgenden zwei Abschnitte des 1. Bandes herausgegriffen, die uns die Vorzüge dieses wundervollen Werkes mit voller Deutlichkeit zeigen. Niemals ist schöner dargestellt worden, wie in Karl dem Großen und in Friedrich Barbarossa die höchste Macht des deutschen Kaisertums der Frühzeit und des Mittelalters zusammengefaßt wurde, die noch in unsere Gegenwart mit zauberhaftem Schein hineinleuchtet.

Hamburg-Großborstel. Dr. Ernst Schultze.

G. Freytag.

# Karl der Große.

Dem letzten Merovinger wurden seine Locken geschoren, und statt des Purpurmantels eine Mönchskutte umgehängt, Pippin der Kurze wurde zum König gesalbt, zugleich mit ihm seine jungen Söhne Karl und Karlmann. Wir wissen nicht genau, in welchem Jahre Karl geboren war, am besten beglaubigt ist der 9. April des Jahres 747; zweifelhaft ist auch, ob seine Mutter bei seiner Geburt dem Vater vermählt war, es scheint damals auch in vornehmen Familien nicht ungewöhnlich gewesen zu sein, daß dem altheimischen Verlöbnis und dem Beilager die kirchliche Einsegnung erst nach längerer Zeit, und wenn es nützlich erschien, nachfolgte. Der jüngere Bruder Karlmann aber war in königlicher Ehe geboren.

Im Jahre 768 folgte Karl mit seinem Bruder dem König Pippin in der Herrschaft. Der Vater teilte das Reich so, daß Karl im ganzen betrachtet die nördliche Hälfte, Karlmann den Süden erhielt; in beiden Hälften saßen Deutsche und Romanen, in dem Anteil Karls überwogen die Deutschen. Zwischen den Brüdern war keine Freundschaft, mühsam wurde durch ihre kluge Mutter Berthrada die Abneigung gebändigt; der Tod des jüngeren Bruders im Jahre 771 kam zu gelegener Zeit, er rettete das Frankenreich vor einer Wiederholung des alten leidigen Trauerspiels, vor einem Bruderkrieg. Bei dem Tode Karlmanns war Karl vierundzwanzig Jahre alt. Er hatte bis dahin außer einem leichten Zug zur Unterwerfung Aquitaniens nichts vollbracht, was Aufsehen erregte, nur daß er die Tochter des Langobardenkönigs Desiderius freite und nach einem Jahr wieder verstieß, schwerlich aus politischer Berechnung. — Nach dem Tode des Bruders zeigte er zum erstenmal die Tatze des Löwen, schnell nahm er im Einvernehmen mit einigen Großen Karlmanns die zweite Reichshälfte in Besitz; die Gemahlin des Bruders flüchtete mit ihren kleinen Söhnen zu den Langobarden. Karl ließ das ruhig geschehen, er meinte nur, sie hätten nichts zu fürchten gehabt.

Das Frankenreich, welches jetzt unter einem Herrn stand, umfaßte das fränkische Gallien, Aquitanien, Burgund und Alemannien, das deutsche Frankenland bis an den Böhmerwald und Thüringen bis zur Saale; Bayern aber stand unter seinem Herzog Tassilo, dem Oheim Karls, fast selbständig neben dem Reiche. Vom Süden des Harzes bis nahe an den Rhein lief die Nordgrenze gegen die Sachsen. Dort war seit alter Zeit unablässiger Grenzkrieg zwischen Heiden und Christen, zwischen freien Landsassen und Königsgrafen. Im Osten der Saale und hinter dem Böhmerwald lagerten Slavenvölker, ebenfalls lüstern nach Beute und zum Einbruch geneigt. In Kärnten wohnte noch unabhängig ein Slovenenstamm, das jetzige Österreich war in den Händen der Avaren. Und Herzog Tassilo erwies sich in der Tat als Grenzwart der fränkischen Christenheit, ihm hat man die Kolonisation Salzburgs zu danken.

Sofort nach Erwerb des ganzen Reiches begann Karl den Krieg gegen die Sachsen. Im nächsten Jahre stieg er über die Alpen nach Italien, stürzte das Langobardenreich, besuchte den Papst Hadrian in Rom, beschwor mit ihm über dem Grabe der Apostel in germanischer Weise einen Bruderbund, und schaltete als Patrizius von Rom und Gebieter des Langobardenstaats auch über den größten Teil Italiens. Von jetzt hebt sich seine Gestalt mächtig in den Augen der Zeitgenossen, er wird großer Kriegsfürst, Erzieher seines Volkes, Gründer eines neuen Weltreiches und Erneuerer des römischen Kaisertums.

Dreiteilig aber ist sein Leben. Elf Jahre kämpfte er mit den Sachsen für seinen Ruhm, den Christenglauben und die Erweiterung seiner Grenzen. Nachdem 785 die Sachsen in der Hauptsache unterworfen und zum Christentum gezwungen sind, gedenkt Karl selbst die Regierung Unteritaliens und Bayerns in die Hand zu nehmen, er unterwirft das Herzogtum Benevent, entfernt den Herzog Tassilo im Jahre 788, und herrscht seitdem von der Nordsee, Elbe und Avarengrenze bis zum Golf von Neapel und über die Pyrenäen.

In der zweiten Periode seiner Regierung bis zum Jahre 800 streitet er als mächtigster Vorkämpfer der Christenheit im Osten gegen Avaren und Slaven, im Westen gegen Sarazenen, und waltet als Gesetzgeber, Lehrer, Landwirt in seinem Reiche. Dies ist vorzugsweise seine schöpferische Zeit, er sammelt gelehrte Geistliche um sich und sucht den Germanen die römische Sprache und Wissenschaft zu verbinden. — Im Jahre 800 vollendet sich, was nach dem ganzen Zug seines Lebens für ihn erreichbar war, der Papst setzt ihm die römische Kaiserkrone auf das Haupt, er wird Herr einer neuen christlichen Universalmonarchie.

Seitdem herrscht er im ganzen friedlich noch vierzehn Jahre, deren letzte ihm verdüstert wurden durch Tod seiner Lieben und durch die Beschwerden des Alters.

Wer das große Bild des Königs und die Resultate seines Lebens prüfend betrachtet, findet in dem, was er war und tat, einen auffallenden Grundzug, der ihn von allen folgenden Herrschern seines Geschlechtes, von allen spätern Kaisern des neuen römischen Reiches, welches er gründete, unterscheidet. Alle späteren Ludwige, Ottone, Heinriche, Friedriche waren vornehme Edle mit den Tugenden und Schwächen des hohen Adels, auch da Edle, wo sie sich mit dem Bürger und Bauer gegen ihre großen Vasallen verbanden. Karl war gewaltiger als der größte von ihnen durch die Wucht seiner Natur und durch die Kraft seines Willens, in Wahrheit der stärkste Herr, welchen germanische Völker je bewundert und gehaßt haben, aber er war in Purpur und Goldreif die ideale Verkörperung eines deutschen Landbauers aus alter Zeit. Erbarmungslos mähte er die Völker wie die Halme des Ackers, und auf den geleerten Boden warf er wieder, dem Sämann gleich, mit Herrenhand die Körner, aus denen ein neues Volk sproß. Er war keine stürmische Natur, die leidenschaftlich oder maßlos sich das Höchste begehrte, oder in hohem Schwunge über die Seelen anderer erhob. Er war auch in der Politik einem Landwirt ähnlich. Hart und dauerhaft wie ein Eichenstamm, wuchs er während des wildesten Kriegstreibens ruhig fort, bedächtig, nachdenklich, bei großem Tun von unerschütterlichem Willen; Fehlschlag und Niederlage entmutigten ihn nicht, der größte Erfolg berauschte ihn nicht, in der härtesten Arbeit blieb sein Geist klar und gesammelt, mitten im Kampfe um ein hohes Ziel sann er auf neue Kulturen.

Er war ein Kriegsfürst wie wenig andere, aber er war — und auch darin ist er den vornehmen Helden früherer und späterer Zeit ungleich — nicht ehrgeizig nach Schlachtenruhm, noch weniger beneidete er ihn seinen Befehlshabern. Denn immer war ihm der Kampf nur das Mittel, um einen Zweck zu erreichen. Er selbst hat einige Male als Heeresfürst entscheidende Siege erfochten, viele Feldzüge durch andere geführt, er empfand, daß seine Aufgabe eine größere war; und diese höchste Tugend eines Königs erwies er nicht nur im spätern Mannesalter, auch in seiner Jugend.

Das Geheimnis seiner seltenen Größe liegt aber, soweit wir sein Wesen erkennen, in der wohlgewogenen Verbindung der drei höchsten Eigenschaften eines Regenten: er sieht die Dinge richtig wie sie sind, er besitzt die erfindende Kraft, welche an Stelle des Uungenügenden Besseres zu schaffen weiß, und er hat eine unwiderstehliche Gewalt in der Ausführung seiner Pläne. Nie macht er sich Illusionen — auch bei dem ersten erfolglosen Feldzug nach Spanien war er durch falsche Berichte getäuscht —, immer findet er die rechten Mittel, und immer wird er der Hindernisse Herr. Kaum ein anderer deutscher Fürst hat diese drei Eigenschaften, welche glückliche Erfolge verbürgen, in so ausgezeichneter Weise vereinigt: ein Gemüt, welches klar und ruhig die Bilder der Außenwelt aufnimmt, eine schöpferische Kraft, welche sie zweckvoll zu verwenden weiß, und kurzen, eisenfesten Entschluß, der gerade auf das Ziel losgeht. Deshalb ist uns die Gestalt dieses Königs, welche mehr als tausend Jahre von uns liegt, weit durchsichtiger und verständlicher als die meisten Herrscher, welche ihm folgten. Wohl war auch Karl ein Kind seiner Zeit, einer wilden, abergläubischen Zeit, in welcher der Wille des Menschen übermächtig beeinflußt wurde durch Träume und Prophezeiungen, durch plötzliche, für uns ganz unsichtbare Stimmungen der Stunde, durch Gelüste und persönliche Rücksichten. Aber diese dämmerige Welt gaukelnder Schatten, deren sich die Charaktere des Mittelalters nicht entschlagen konnten, hat auf das Tun des einen Königs geringen Einfluß. Einfach und schlicht ist das Gewebe seiner Seele zusammengefügt, wir sehen die Fäden, wir verstehen die Arbeit, und doch ist uns das Ganze wie ein wundervolles Kunstwerk der Gottheit. Das Größte umfaßt sein Geist und das Kleinste, bei der umfassendsten Arbeit sorgt er um alle Einzelheiten, und das Geringste weiß er groß zu behandeln. Der Herr von Europa, der harte Kriegsheld, der unermüdliche Gesetzgeber seines Volkes, der Wächter über die Rechtgläubigkeit seiner Zeitgenossen, zählt auch selbst die Eier, welche ihm seine Verwalter von den Gütern schicken, befiehlt, welche Fruchtbäume gesetzt werden sollen, hört argwöhnisch auf jeden rauhen und falschen Ton seiner Sänger in der Kapelle, ist eifrig dabei, sich von Alkuin über den Unterschied der lateinischen Synonyme für „ewig" unterrichten zu lassen. Und dies ungeheure Gebiet menschlicher Tätigkeit umspannt er mühelos, er hat immer Zeit zur Mittagsruhe, zur Jagd, zu fröhlichem Heldenspiel; denn er versteht jede menschliche Kraft in seiner Umgebung, und weiß jeden nach seinem Talent für Ausführung der eigenen Gedanken zu verwenden.

Ja, er war ein ruhiger Tyrann, er schaltete mit den Menschen, wie der Landmann mit den Stücken seiner Herde; jeden, ob geistlich, ob weltlich, warf er hierhin und dorthin, wo er ihn gerade zu verwerten glaubte. Aber derselbe Mann hatte auch eine innige Freude an der Tüchtigkeit anderer, wenn diese ihm zu dienen verstand. Wem er vertraute, dem öffnete er sein Herz, zu jedem wußte er sich herabzustimmen, er war doch sicher, so oft er wollte, durch Miene und Wort den Eindruck eines gewaltigen Herrn zu machen. Dadurch wurde er ein Gebieter, wie ihn die Deutschen sich ersehnten, ein Wirt, der strenge die Mannen bändigte und der ihnen durch Freundlichkeit wohlzutun wußte, nicht nur als Spendender, auch durch herzliche Anerkennung ihrer Vorzüge. Er hatte, so scheint es, das Bedürfnis, in gutem, lässigem Einvernehmen mit seiner Umgebung zu sein; wie hart er gegen seine Feinde war, eben so nachsichtig behandelte er seine Vertrauten in allem, was nicht den Dienst anging.

Auch darin blieb der große Fürst einem deutschen Landmann ähnlich, daß er einen trockenen Scherz liebte, der freilich seiner Umgebung nicht immer bequem war. In der guten Laune, die er dabei zeigte, war häufig eine pädagogische Tendenz; den andern von seiner Torheit zu überführen und dabei eine hübsche moralische Nutzanwendung als Schwänzchen anzuhängen, ließ er sich nicht leicht entgehen. Als seine Franken in Italien an einem kalten Regentage geschmückt wie Papageien zu einer Jagd kamen — es war kurz zuvor ein Händler von Venedig mit kostbaren Gewändern eingetroffen — führte er sie im einfachen Schafpelz während tollem Unwetter durch Dornen und Walddickicht, wobei dem Hofe die dünnen Kleider zu Lappen zerrissen und im Wasser kläglich zusammenschrumpften, und dann befahl er, daß jeder am nächsten Tage in demselben Rock wieder vor ihm erscheine; da nun alle aussahen wie Vogelscheuchen, ließ er seinen Schafpelz hereinbringen, wies ihnen, wie weiß und ganz die Hülle sei, welche er an dem kalten Tage getragen hatte, und zerknirschte sie durch eine Strafrede.

Dieser Zusatz von guter Laune und behaglicher Lehrfreude machte den Zeitgenossen das großartige Wesen ihres Königs vertraulich; denn heitere Überlegenheit hat von je die Deutschen am tiefsten gerührt. Gern rühmen die kleinen Geschichten, welche das Volk von König Karl erzählte, diese Seite seines Wesens. Aus solchen Anekdoten, welche ein Klosterbruder von St. Gallen für die Enkel des Königs aufzeichnete, wird hier eine besonders charakteristische nach den lateinischen Worten des Mönches mitgeteilt[1]).

[1]) Die liebenswerte, behagliche Einfalt des Mönches von St. Gallen und seine sagenhaften Anekdoten gestatten besseren

„Da ich berichtet habe, wie der allerweiseste Karl die Niedrigen erhöhte, will ich auch erzählen, wie er die Stolzen demütigte. Es war ein Bischof sehr gierig nach eitlem Ruhm und unnützen Dingen. Das erfuhr der allerscharfsinnigste Karl, und befahl einem jüdischen Händler, der öfter nach dem Lande der Verheißung zog und von da in die Lande diesseit des Meeres viel Kostbares und Fremdes zu bringen pflegte, daß er den nämlichen Bischof irgendwie hintergehe und anführe. Der Jude nahm eine Hausmaus, balsamierte sie durch verschiedene Spezereien und brachte sie dem erwähnten Bischof zum Kauf mit den Worten, er hätte aus Judäa dies sehr kostbare und unerhörte Tier mitgebracht. Der Bischof wurde mit Freude über den großen Vorfall erfüllt und bot ihm drei Pfund Silber, um die liebe Gabe zu erhalten. Darauf sagte der Jude: „Wie ziemt der Preis für ein so teures Stück? Eher werfe ich es in das Meer, wo es am tiefsten ist, als daß

Einblick in die Seele des Königs, als die vornehme Biographie Einhards. Denn der namenlose Mönch hat nicht nur manchen unzweifelhaften Zug aus dem Tagesleben Karls bewahrt; wichtiger ist uns, daß er den Helden ganz so darstellt, wie sein Bild in den Seelen der Zeitgenossen lebte. Ist es auch nicht das grüne Blatt selbst, welches der Mönch uns überliefert hat, so ist es doch ein genauer Abdruck in dem bildsamen Erdboden, auf welchem das Blatt einst grünte. — Der Jude Isaak in der kleinen dummen Geschichte stand hoch in Karls Vertrauen und wurde auch zu politischen Geschäften gebraucht.

ein Mensch dies erwerben soll um so kleines und schnödes Geld." Der Bischof war reich, den Armen gab er nie etwas. Er versprach ihm zehn Pfund, um diese unvergleichliche Maus zu erwerben. Da stellte sich der schlaue Mensch unwillig und rief: „Der Gott Abrahams wolle nicht, daß ich so verliere meine Mühe und Reisekosten." Darauf setzte ihm der habsüchtige Geistliche in seiner Sucht nach dem teuren Stück zwanzig Pfund. Der garstige Jude aber wickelte die Maus in kostbare Seide und fing an hinauszugehen. Der Bischof, wie verblendet, oder vielmehr wie einer, der verblendet werden soll, rief ihn zurück und gab ihm ein volles Maß Silber, um das wertvolle Stück zu erhalten. Kaum gab es ihm der Händler, durch viele Bitten gedrängt. Das empfangene Geld trug er zum König und erzählte ihm alles. Kurz darauf rief der König alle Großen und Bischöfe der Landschaft zum Rat, und nachdem vieles Notwendige erledigt war, befahl er das ganze Geld zu bringen und in der Mitte des Palastes niederzulegen. Darauf begann er so: „Ihr Bischöfe, als unsere Väter und Räte, sollt den Armen und durch sie dem Herrn dienen, aber nicht nach Eitelkeit trachten. Ihr aber verkehrt alles und ergebt euch leerem Schein und Geiz mehr, als jeder andere Sterbliche;" und er fügte hinzu: „Einer von euch hat für eine Hausmaus, die mit Gewürz eingemacht ist, einem Juden so viel Geld gegeben." Da fiel der Bischof, der über solchem Frevel ertappt war, zu seinen Füßen und bat um Verzeihung für sein Unrecht. Der König bändigte ihn durch verdienten Verweis und entließ ihn in Verwirrung."

Derselbe strafende Gebieter war da, wo er sein Herz öffnete, von einer Innigkeit der Empfindung, welche den Deutschen vor andern Völkern zugeteilt ist. Freundschaft, die er geknüpft hatte, bewahrte er treu. Wen er einmal in sein Herz aufgenommen, den ließ er schwer wieder heraus. Mit dem Papst Hadrian hatte er einen Freundesbund durch Eidschwur geschlossen; viel war seitdem geschehen, was das politische Verhältnis der beiden gestört hatte; als er aber die Nachricht von seinem Tode erhielt, weinte er laut. Seine Umgebung benutzte natürlich die weiche Empfindung, um durch diese ihre Zwecke zu erreichen, und es gelang ihr auf solchem Wege zuweilen, den Willen des Königs zu bestimmen.

Er war der Frauenliebe sehr bedürftig. Wohl war auch hier seine Zärtlichkeit die eines Löwen, welche von Weib und Töchtern mit geheimem Bangen empfunden und durch schmeichelnde Liebkosungen beantwortet wurde. Er lebte, wenn er nicht im Felde lag, immer mit seiner Familie. Er aß mit Frau und Kind zusammen und führte sie auf jeder Reise mit, von einem Landgut, Bischofssitz, Palast in den andern. Und das war lästige Wanderschaft, denn er war fast das ganze Jahr auf Reisen und hatte in der ersten Hälfte seiner langen Regierung, gerade als die ältesten Kinder jung waren, kaum ein festes Heim. Freilich sah sein Familienleben seltsam aus, sogar für die Zeitgenossen, welche doch in vornehmen Ehen an auffallende Abweichungen von dem Kirchengesetz gewöhnt waren. Karl hatte nach der Langobardin Desiderata noch drei Frauen. Zuerst die Gemahlin seiner Jugend, Hildegard, aus alemannischem Herzogsgeschlecht, welche ihm in zwölfjähriger Ehe drei heranwachsende Söhne und drei Töchter gebar, die in dem Hofkreise für die legitimen Kinder des Hauses galten, soweit damals von solcher Eigenschaft die Rede sein konnte. Karl scheint diese Frau innig geliebt zu haben; als nach ihrem Tode ihr begünstigter Bruder Uodalrich in Ungnade fiel und ein Narr bei Hofe den Reim wagte: „Uodalrich hat alsogleich verloren die Ehren reich in Osten und in Westen, seit erstarb seine Schwester", da stürzten dem König die Tränen aus den Augen, und er gab dem Beschädigten, wie berichtet wird, seine Würden zurück. Die nächste Gemahlin, Fastrada, galt für ein arges Weib. Die Franken klagten, daß ihr Einfluß den König wider seine Natur zu Grausamkeiten verführt habe. Die dritte, Luitgard, war eine junge schöne Frau, an welcher die höfischen Dichter rühmten, daß sie Sinn für Wissenschaft habe. Zwischen und nach diesen Frauen hatte der König eine Anzahl von Geliebten, und er war von so rücksichtsloser Gemütlichkeit, daß er die Kinder aus allen diesen Verbindungen — es werden im ganzen siebzehn Namen genannt[1]) — immer um sich haben wollte und als Königskinder miteinander an seinem Hofe erzog. Seine Töchter galten für schön. Er ließ sie sorgfältig unterrichten und gab sich selbst Mühe mit ihrer Belehrung. Sie folgten dem Vater zu Roß auf Reisen und auf die Jagd; im Palast saßen sie im Frauengemach, wo sie nach alter Sitte Wolle spinnen sollten, um nicht auf unnütze Einfälle zu kommen. Indes verhinderte diese bescheidene Tätigkeit nicht allerlei innige Verbindungen mit den Herren des Hofes, und es sind wahrscheinlich nur die am wenigsten anstößigen, von denen uns Kunde zugekommen ist. Die älteste, Hruodrud, welche durch einige Jahre Braut des griechischen Kaisers Konstantinus Porphyrogenitus war, bis Karl das Band löste, hinterließ einen Sohn; die zweite, Berta, dem Vater in Antlitz, Haltung und Geist am ähnlichsten, hatte zum Trauten den Dichter, Abt und Kaplan ihres Vaters, Angilbert; von ihren beiden Söhnen ist der eine, Graf Nithard, als tapferer Krieger und Geschichtsschreiber der nächsten Generation auch uns wert. Karl sah mit seinen scharfen Augen über diese Verhältnisse weg, er weigerte seinen Töchtern hartnäckig die Vermählung, wie er sagte, weil er sich nicht von ihnen trennen könnte. Es ist sehr möglich, daß dies der wirkliche Grund war; denn wer durch ein großes Regentenleben gewöhnt ist, fremdes Da-

[1]) Drei davon, Kinder der Hildegard, starben in ihren ersten Lebensjahren.

sein für seine Zwecke zu verwenden, dem mischt sich auch in die zärtliche Empfindung eine fürchterliche Selbstsucht, und die Verderbnis, welche durch solche tyrannische Liebe in dem Leben der eigenen Frau und Kinder hervorgebracht wird, ist häufig die geheime Rache, welche das Schicksal an Herrschergröße übt.

Allmählich entfaltet sich die Größe dieser Heldengestalt. In dem ersten Drittel seiner Regierungsjahre ist er vorzugsweise erobernder Kriegsfürst. Auch in den Kriegsfahrten, die er selbst unternimmt oder befiehlt, ist es nicht die persönliche ritterliche Tapferkeit, die mißliche Tugend späterer Kaiser, welche ihn stolz macht. Er kämpft wo er muß, aber er beherrscht fast immer den Feind durch eine strategische Kunst, welche auch ohne Schlachten niederzuwerfen weiß. Nach großem Plane unternimmt er seine Züge mit einer Schnelligkeit, welche überrascht und erschreckt, das überzogene Land sichert er durch Festungen in großem Stile; er ist geneigt, seine Gegner lange gewähren zu lassen, und ruhig den Moment zu erwarten, wo überlegene Macht ihm die Bürgschaft des Erfolges gibt, so gegen Desiderius, gegen das Herzogtum Benevent, gegen Tassilo; wenn er aber erkennt, daß in der Eile die Rettung liegt, da schlägt er wie ein Blitz gegen die Feinde, alles wagend, sich selbst nicht schonend, unmenschlich strafend, so in dem unglücklichen Jahre 782 gegen die Sachsen.

Auf seiner Römerfahrt im Jahre 781 war er zu

längerem Aufenthalte in Italien genötigt. Dort empfand er mit der milden und dauerhaften Wärme, welche ihm eigen war, den geistigen Adel, welchen das Verständnis antiker Bildung den besten Römern gab. Er faßte den Entschluß, seine Franken derselben Bildung teilhaftig zu machen. Sogleich warb er die größten Gelehrten seiner Zeit, Alkuin und Peter von Pisa, dazu andere gebildete Italiener und gelehrte Nordländer, unter ihnen den Langobarden Paulus Diakonus, für die Hofschule, die er in seiner Nähe gründete. Er selbst wollte mit seinen Kindern und Hofleuten bei diesen Männern in die Schule gehn. Er hatte die Handschriften, welche das Wissen der Vorzeit bewahrten, mit tiefer Ehrfurcht betrachtet, und er ließ sogleich in demselben Jahre ein Wunderwerk der Kalligraphie beginnen, ein Evangelienbuch auf Purpurpergament mit Gold und Silber geschrieben. Seitdem war er bis an sein Lebensende unermüdlich, alte Bücher der Heiden und Christen abschreiben zu lassen, und zwar sorgfältig korrigiert nach den besten Texten, um diese seltenen Schätze in seinem Lande zu verbreiten. Er sah die römischen Prachtbauten und faßte den Entschluß, auch diese Kunst in sein Reich zu verpflanzen, und wieder griff er die Sache in seiner großen Weise an. Seine Baukünstler sollten aus dem römischen Vitruv die Gesetze alter Baukunst lernen, er ließ römische Säulen und Ornamente aus Italien nach Deutschland fahren, Kapitäle und Zieraten nach den

Bauten von Rom und Ravenna abformen. So baute er zahlreiche Kirchen und Klöster, sich selbst einen Palast zu Ingelheim, ein Wunder im Frankenlande, und so gründete er sich eine Residenz an den warmen Quellen von Aachen. Dort stand er auf der Stätte, die er gewählt hatte, und bezeichnete selbst seiner Stadt die Straßen und Plätze, den Mauerbezirk und die Stelle des Rathauses für den Senat. Die Scharen der Arbeiter zogen heran, sie bauten das große Gotteshaus und den Palast, sie hieben rohes Gestein zu Säulen, gruben den Hafen, legten Grund zum Platz für Kampfspiele und deckten die Halle mit hohem Balkendach. Andere fingen das Wasser der warmen Quelle ein, faßten sie schön mit Marmor, formten die Sitze für die Badenden und leiteten Wasser in alle Teile der Stadt; die Lastwagen rollten, Hammerschlag und emsige Arbeit tönte, die Gegend summte wie von ungeheurem Bienenschwarm[1]). Auf dem Platz des Palastes aber stellte Karl das eherne Reiterbild des großen Ostgoten Theodorich auf, das er von Ravenna weggeführt hatte.

Seit Errichtung der Hofschule begann während stürmischen Kriegsjahren im Frankenreich ein neues Leben, dessen Mittelpunkt der Kaiser mit seinem Hofe war. Es ist Absicht, dabei zu verweilen und neue Momente hervorzuheben.

[1]) Angilberts und Theodulfs Gedichte sind nebst Alkuins Briefen die Quellen für das folgende Detail.

Die Jahre 796 bis 800 umspannen die Zeit, wo am Hofe und im Leben des Königs das Neue am schönsten sich darstellte. Karl war 50 Jahre alt, in voller Manneskraft, die Selbständigkeit der Sachsen war gebrochen, die Slawen besiegt, Bayern mit Salzburg und Kärnten dem Reiche einverleibt; gerade jetzt war durch einen glücklichen Feldzug des Grafen Erich und des jungen Pippin der große Ringwall des Avarenreiches eingenommen, und ein unermeßlicher Schatz, alter Raub der Völkerwanderung und vieljährige Kriegsbeute der Avaren, in die Hände der Franken gefallen. Noch stand der König in vornehmer Unabhängigkeit dem Papste gegenüber, noch war seine Politik echt deutsch, seine eigene abfällige Ansicht über Bilderverehrung wurde wie ein Befehl nach Rom getragen, der neue Papst Leo sandte die Schlüssel St. Peters und die Fahnen der Stadt Rom als Zeichen der Unterwürfigkeit an den König. Seine Kinder wuchsen stattlich heran, die drei Söhne waren wieder einmal unter den Augen des Vaters versammelt. Der älteste, Karl, hatte sich in den sächsischen Kriegen als kampftüchtig bewährt; Pippin, König von Italien, war gerade jetzt als neunzehnjähriger Jüngling mit dem Avarengolde und grünem Siegeskranze in der Pfalz von Aachen eingezogen; Ludwig, der 781 als dreijähriger Knabe auf ein Pferd gesetzt und den Aquitanern als König über die Grenze geschickt worden, war schon vier Jahre darauf lustig mit einer Schar seiner Gespielen in dem sächsischen Lager des Vaters eingeritten, in Baskentracht, mit rundem Mäntelchen, mit Bauschärmeln und Hosen, mit Sporenstiefeln, in der Hand seinen Wurfspeer schwenkend, und der Vater hatte sich seines frischen Knaben gefreut und arbeitete seitdem, ihn in der Fremde, in spanischen Kriegszügen, und zu Hause etwas Tüchtiges lernen zu lassen. Auch auf den blühenden Töchtern ruhte freudig des Vaters Blick; die unmilde Königin Fastrada war gestorben, und der Stern der schönen Luitgard war im Aufgehn; die Hofschule Alkuins hatte ihre Wirkung getan, aus seinen Geistlichen und den Edlen des Hofes war ein Kreis von jungen Gelehrten heraufgewachsen; das Gefühl irdischer Macht und die Freude an der neuerworbenen Bildung hob die Gemüter zu fast poetischem Schwunge.

Es waren kurze Jahre, wo der gute Geist unserer Nation von dem Hofe des großen Fürsten so helles Licht ausstrahlte, wie niemals seitdem im Hause eines deutschen Herrschers, nicht unter der ritterlichen Umgebung der Hohenstaufen, und nicht unter den französischen Schöngeistern des großen Friedrich. Auch der Musenhof Weimars, an welchem sich merkwürdig ähnliche Verbindung der Dichter und Gelehrten mit altem Hofbrauch vollzog, war doch nur die Stätte, wo geistige Helden der Nation gastlich gepflegt und eingebürgert wurden. Damals aber war es der Fürst selbst, der die Bildung seinem Volke schuf und das Wachstum der besten Geister mit väterlicher Sorge überwachte. Die Jüngeren alle waren seiner Gedanken Werk, und die an seinem Hofe Verse machten und deutsche Geschichte schrieben, waren zugleich seine Staatsmänner, Gesandten, sogar Heerführer. Der gelehrte Angelsachse oder der gebildete Römer, welcher damals die Pfalz des Königs besuchte und befangen erwartete, vor das Angesicht des großen Königs geführt zu werden, fand in dem Vorzimmer eine Zahl von Männern versammelt, die wohl wert waren, daß er sie mit Anteil betrachtete und ihrer Rede lauschte. Die Blüte des Hofes, Edle und Gelehrte, Lehrer oder frühere Schüler der Hofschule, bildeten einen vertrauten Kreis, in dem sich der König mit seinen Kindern am freudigsten bewegte; denn diese Vertrauten standen mit der königlichen Familie in einem zwanglosen poetischen Verein zu geselliger Förderung in Wissen und Kunst, der allerdings mit den späteren Akademien wenig gemein hat. Jeder erhielt darin einen oder mehrere Beinamen, nach einem Brauch, den Alkuin aus der Schule von York mitgebracht hatte. Der Zweck des Kränzchens war wohl kein anderer als gebildete Unterhaltung, seine Bedeutung für die Gelehrten und die Zeitbildung doch sehr groß.

Schon unter den Merovingern war ein Zeremoniell des Hofes ausgebildet, auf Rang und Hofwürde wurde eifrig gehalten. Aber zwischen den reich gekleideten Hofleuten standen priesterliche Gelehrte in der weißen Dalmatika, angelsächsische

Mönche in der Tracht des heiligen Benedikt, dunkle Schottenmönche aus Irland, barbeinig mit rohen Ledersandalen. Die Ankommenden empfing der Oberkämmerer Meginfrid, für den Tagesverkehr des Hofes der erste Würdenträger — in der Akademie führte er den Schäfernamen Thyrsis —, ein kluger, gewandter Herr mit kahlem Scheitel, den noch spärlich das rötliche Kraushaar umgab. Immer zum Herrendienst bereit, eifrig und behend, hörte er die Worte der Bittenden, hier überging er, dort neigte er freundlich sein Ohr, er lud zum Eintritt, er empfahl zu warten, leise und in Ehrfurcht tat er seine Pflicht, und stand beim Empfange unverdrossen am königlichen Thron, vorzustellen und der Winke gewärtig. Nächst ihm war da der Erzkaplan Hildebold, Bischof von Köln, der seit dem Tode Angilramns dies wichtige Amt versah, im vertrauten Kreise führte er den Namen Aaron. Freundlich nach allen Seiten grüßend, mit frommem Antlitz und treuem Herzen, war er gekommen, bei der Mahlzeit des Königs Speise und Trank zu segnen. Umdrängt von den Jüngern stand der große Gelehrte Alkuin, der sich gern Albinus nannte und in der Akademie Flaccus hieß, ein Angle aus Northumberland, der seit 782 die Hofschule eingerichtet hatte, er, der Vater aller Wissenschaft und Kunst am Hofe, dem auch des Königs Geist bei jeder Lehrfrage sich freiwillig unterordnete. Gerade jetzt war er aus England zurückgekehrt, wo ihn die Heimatliebe einige Jahre festgehalten, und der König hatte ihn zum Abt des reichen Klosters von Tours gemacht, das dem heiligen Martinus geweiht und den Franken wie ein Stammesheiligtum wert war. Von einer Zahl Schüler begleitet war der würdige Herr zu Hofe gekommen, nicht nur um über die Verse des jüngeren Geschlechtes zu richten, auch als Ratgeber des Königs in Kirche und Schule. Hochverehrt war sein ehrliches, ernsthaftes Wesen, seine Schüler — und fast das ganze jüngere Geschlecht des Hofes gehörte dazu — achteten ihn wie einen Vater. Und der selbstlose Mann, der jedem seiner Zöglinge die wärmste Teilnahme bewahrte, nahm auch die Rechte eines Vaters in Anspruch, wo es ihm nötig schien. Er warnte, bat und strafte in seinen Briefen, selbst die Söhne des Königs und vornehme Hofleute. Groß war seine Korrespondenz mit Geistlichen und Laien, sogar gegen den König übte er ehrfurchtsvoll die Pflicht eines mahnenden Freundes. In seinen Briefen bat er um Erbarmen mit den gefangenen Avaren, widerriet die Auflage des Zehnten in neubekehrtem Lande und erinnerte leise, daß man bei den Sachsen zu sehr christliche Belehrung versäumt habe. Schon war er um 796 strenger gegen sich und andere als sonst, die Welt verleidete sich ihm, wie damals vielen in ihrem höheren Alter, die profane Wissenschaft wurde ihm weniger wert, schon betrachtete er den alten Dichter Virgil mit Mißtrauen und warnte seine Schüler vor dem süßen Verführer.

Der vielleicht gerade mit ihm sprach, war sein talentvoller Schüler, der ritterliche Angilbert, aus vornehmem Geschlecht, seit seiner Kindheit am Königshofe erzogen, an diesem poetischen Hofe die adligste Dichtergestalt, dem Karl selbst den akademischen Namen Homer gegeben hatte, weil er daran arbeitete, die Taten des großen Königs in einem lateinischen Epos zu besingen, von dem uns nur ein Bruchstück erhalten ist — das beste, was die Kunst des Hofes geschaffen hat. Ein geheimnisvoller Schimmer umgab ihn, der Hof wußte, daß er der Liebling der Königstochter Berta war, die in der Akademie Delia, die Schwester Apolls, hieß und zum Saitenspiel die Lieder ihres Lehrers Alkuin sang [1]).

Neben ihm ragte die hohe Gestalt eines Fremden [2]) mit ergrauendem Haar, es war der Ostgote Theodulf, den Karl von einem früheren Zuge aus Italien mitgebracht und zum Abt von Fleury, dann zum Bischof von Orleans gemacht hatte; er war ein Mann von Welt, berühmt als Dichter und Gelehrter, gefürchtet

[1]) Angilbert selbst war Kapellan und hatte die Abtei von Centula (St. Riquier) in der Pikardie erhalten, aber seinem Beruf nach war er Staatsmann und Hofherr von sehr weltlichem Sinn. Seine Söhne wurden in seinem Hause erzogen. – Die Kirche hatte die Artigkeit, ihn zweihundert Jahre nach seinem Tode heilig zu sprechen.

[2]) Theodulf macht sich über die Kleinen am Hofe lustig.

wegen seiner scharfen Distichen, mit Angilbert eng befreundet. In der Akademie hatte er sich, seinen Namen übersetzend, den Dichternamen Lupus gegeben, und seine Gegner, die Schotten, fluchten den stachligen Versen des grauen Wolfes.

Wer aber ist der kleine Herr, der geschäftig hin und her läuft wie eine Ameise, bald Bücher und Schriftrollen in das Zimmer des Königs trägt, immer höflich, einer der jüngsten im Kreise, mit schönen klugen Augen[1]) und freundlichem Antlitz, das einen feinen klaren Geist verkündet? Er hatte viele Namen, er heißt Beseleel, nach dem Erbauer der Stiftshütte, die Genossen der Akademie aber nennen ihn im Scherze Nardulus, den kleinen Lavendel, wegen seiner gewandten Artigkeit, dem auch die Königstöchter aus dem Wege gehen, weil sie dahinter den Kritiker fürchten. Es ist Einhard, unter allen Getreuen dem Kaiser am vertrautesten, von ihm wie ein Sohn geliebt; er ist nicht von vornehmem Geschlecht, aber der behende Ariel seines Gebieters, sein Bauverständiger, welcher über den großen Werken der Paläste und Kirchen waltet, und sein Geschichtschreiber, der in seinem Auftrage die Annalen seiner Regierung verfaßt, der beste Stilist in lateinischer Prosa, der nach dem Tode seines milden Herrn dessen Leben beschreibt nach dem Muster Suetons, ein erstaunliches Kunstwerk für jene Zeit, uns

[1]) Sein Beiname Calliopis wurde ihm doch nicht allein darum gegeben, weil er die Annalen schrieb.

noch das Vermächtnis eines freien und hochgebildeten Geistes, den man nicht deshalb schelten soll, weil sein unbefangenes Urteil doch durch die Rücksichten des Hofes und der Pietät beschränkt wird, und weil seiner Erzählung die sorgfältige Genauigkeit unserer Zeit noch entgeht.

Auch der kleine Herr dort mit der Schreibtafel an der Seite gehört zu den einflußreichsten des Hofes. Es ist Erchambald, Erzkanzler des Königs; oft greift er mit der Hand an die Tafel, um die Worte aufzuzeichnen, die er auf Befehl des Königs versendet. Die Spötter der Akademie nennen ihn, den Einhard und den jungen leichtsinnigen Osulf, die drei gleich kleinen, die drei Beine des Königstisches.

Noch viele andere Hofleute sind Mitglieder der Akademie: Rikulf, Flavius genannt, ein scharfsinniger Herr, der Rede und des Schwertes ungewöhnlich mächtig und bei Hofe gefürchtet. Dann Audulf, der Seneschall, der das Amt des Truchsessen, oder wie es jetzt heißt, des Hofmarschalls versieht; in der Akademie hieß er Menalkas. Auch er ein wackerer Kriegsmann, der aber am Hofe unter friedlichen Scharen waltet; er kommt aus seinem Reiche, den Schweiß von der Stirne wischend, umgeben von einer Schar der Bäcker und Köche, um bei der Tafel Schüsseln und Leckerbissen vor dem Sitze des Königs aufzusetzen. Neben ihm Eppin, der Schenke, Nehemias genannt, der dem

König den Becher reicht mit Wein oder auch mit Bier, das noch an der Tafel getrunken wird; der Kellermeister Hardberd, im Kränzchen Elias, dem vom Hofe nachgesagt wird, daß er zu geizig mit dem spanischen Weine ist, und daß er in seiner Behausung ganz mit Bierfässern umschanzt ist und selbst mit dem Rohrstab das warme Gebräu umrührt, das er bei der Tafel gern trinkt. Endlich noch der Tafelmeister Lentulus, der das Obst und den Nachtisch aufsetzt und dem Hofe lächerlich ist wegen seiner Langsamkeit in Gang und Rede, aber in der Akademie wissen sie, daß er guten Witz hat.

Außer den Königstöchtern [1]) und der Gemahlin Luitgard gehörten auch andere edle Frauen zur Akademie. Vor allen zwei Nonnen, die Schwester Karls, die ältere Gisela mit dem Beinamen Lucia, treue Freundin Alkuins, und ihre Vertraute Rikfrudis, mit akademischem Namen Columba; dann die glänzendste Gestalt des Hofes, Gundrada mit dem Beinamen Eulalia, von hohem Adel und großer Liebenswürdigkeit, die einzige unter den weltlichen Frauen des Hofes, welcher Hof und Geistlichkeit nichts nachzusagen wußten.

Noch viele andere zählen zu Alkuins Akademie, aber sie reisen als Sendboten auf des Königs Straße oder sitzen in ihren Abteien oder Bischofssitzen, um die lautere Flamme der Wissenschaft weiter zu verbreiten in ihrer Landschaft oder um

[1]) Hruodrud, Berta, Gisela.

dem Könige zu dienen in weltlichem Geschäft, denn nicht zu königlichem Prunk hat Karl sich seine Gelehrten gezogen. Der größte Gedanke wird ihm sogleich praktisch, und wenn er sich zu Alkuin neigt, so denkt er zugleich daran, wie das Wissen des großen Mannes seinen armen einfältigen Franken zum Heil werden könne.

Auch unter den Mitgliedern der Akademie war, wie bei gelehrten Männern natürlich ist, nicht immer Freundschaft und unbefangene Anerkennung des andern. Es gab Parteien, und sie stießen in Scherz und Ernst aufeinander; die Irländer zumal, die damals Schotten genannt wurden, hielten fest zusammen, sie waren heftig von Art und pedantisch in ihrem Wissen, altertümlich in Schreibweise wie in den gemalten Arabesken ihrer Schrift, und wurden von den zierlichen Südländern und dem gelehrten Frankenadel geneckt und angefeindet. Karl ließ die kleinen Bosheiten in seiner behaglichen Weise gehen, bis ihm einmal die Ader des Königszornes schwoll und sein Auge auf den Übermütigen einen Flammenblitz schleuderte, den keiner ruhig aushielt und dessen seine Dichter immer wieder gedenken.

Aber nicht der ganze Hof gehörte zur Akademie, neben den Gelehrten sah man Gestalten aus dem alten Frankenreich; da war der dicke Ritter Wibod, der bei den Versen den großen Kopf schüttelte und finster darein sah; ihm wünschte der Dichter zur

Vergeltung, daß er sich beim Trunk übernehmen und, vom König gerufen, schräg und wankend herankommen möge, seinen unförmlichen Bauch vor sich hintragend. Auch mancher wilde Schlachtengesell streckte seine riesigen Glieder unter den glatten Höflingen, so einer, der seinem Roß, das vor dem geschwollenen Bergstrome scheute, in die Flut voran sprang und das furchtsame beim Zügel nach sich riß, und von dem man sagte, daß er im Kriege die kleinen Böhmen wie Lerchen auf seine Lanze reihte und auf die Frage, wie es ihm im Böhmerland gefallen, antwortete: „Es war Wurmzeug, sieben oder acht spießt' ich auf und trug sie dahin und dorthin, weiß nicht, was sie dazu brummten, es lohnte sich nicht, daß der Herr König und wir gegen solches Gesindel das Stahlhemd anzogen."

Sehr anschaulich erzählt Karls Biograph Einhard vom Tagesleben des Königs, wie einfach dieser in Kleidung und Küche war, daß er am liebsten Braten aß, den ihm sein Koch auf dem Spieße hereinbringen mußte, und bei jeder Mahlzeit in der Regel nur dreimal trank, was ihm siebenhundert Jahre später Karl V. nachtat. Wenn er aber als Herr vor Fremden seinen Hofhalt sehen ließ, dann bedienten ihn bei Tafel die ersten seiner Großen, erprobte Kriegsmänner, als Schenken und Truchsesse, und wenn der König abgespeist hatte, wurden wieder sie von andern Edlen bedient; so ging es fort bis hinab zu den Küchenjungen, und ein unglücklicher Bischof, der in den Fasten den König getadelt hatte, weil er bei Tage Fleisch aß, wurde von ihm verurteilt, erst nach den letzten Dienern des Hofes zu essen. Darüber kam Mitternacht heran. Und der Kaiser sagte darauf in seiner belehrenden Weise: „Jetzt weißt du, weshalb ich als der erste schon bei Tage mit meiner Mahlzeit beginnen muß."

War die Mahlzeit in der ersten Halle beendet und speiste das Gefolge, dann blieben die Auserwählten in gelehrtem Kränzchen beisammen. Dann saß der König, der den akademischen Namen David führte, in Mitte seiner Kinder und Gelehrten. Hier wurden lateinische Gedichte vorgelesen, welche abwesende Mitglieder des Vereins eingesandt hatten, Verse der Alten wurden erklärt, auch wissenschaftliche Fragen gestellt und Rätsel aufgegeben, die Töchter des Königs spielten zur Harfe und Laute und sangen in neuen Weisen. Ach, es war in unseren Augen eine sehr dürftige lateinische Bildung, die erste Renaissance in Deutschland, emsig war die Seele der Deutschen bemüht, nach antiken Mustern zu schaffen, in engem Anschluß an Sprache und Darstellung der römischen Vorbilder. Und wer den größten Vorrat von alter Kunst in sich aufgenommen hatte, der wurde angestaunt, und er behielt doch wahrscheinlich am wenigsten von deutscher Natur. Auch darin war König Karl größer als seine Gelehrten, denen er bewundernd zuhörte; die Gesundheit seines Empfindens erhielt ihm die Liebe zu dem heimischen Gange, der den Gelehrten für kunstlos und barbarisch galt, weil er alle Tage auf den Straßen klang. Er ließ auch die deutschen Lieder, in denen die Großtaten der Frankenkönige besungen wurden, sammeln und niederschreiben. Und solange die deutsche Sprache besteht, wird der Schmerz immer neu empfunden werden, daß seinem Wunsche nicht gelang, die Sammlung auf spätere Geschlechter zu bringen. Noch in unserem Jahrhundert hat man in allen Ecken alter Bibliotheken die Handschrift gesucht. Vielleicht wurde sie bereits von seinem Sohne Ludwig vernichtet, der den heidnischen Volksgesang nicht leiden mochte.

Vieles in dem Wesen des großen Königs war so liebenswert, daß es noch uns das Herz ergreift. Am behaglichsten aber ist er uns in seiner gelehrten Gesellschaft. In der Höhe des Mannesalters wird er selbst Schüler und freut sich wie ein Knabe seines erworbenen Wissens. Er disputiert gern darüber, er möchte gern alles verstehen und allen Leuten die Freude der Gelehrsamkeit verschaffen, die er so warmherzig empfindet. Er mag oft seinen Weisen unbequem gewesen sein, wenn er sicher urteilte, wo er zu wenig wußte, und wenn er stritt, wo sie trotz ihrer Übung im Schmeicheln sich nicht enthalten konnten, ihn für übel unterrichtet zu erklären. Er mußte sich auch manche Zurechtweisung gefallen lassen, wenn bei ihm der heilige Eifer einmal allzu heldenhaft aufloderte. Als ihm Alkuin viel von der großen Gelehrsamkeit der alten Kirchenväter erzählt hatte und er zu der Überzeugung kam, daß trotz aller seiner Mühe und unablässigen Arbeit seine Schulen noch nicht diese hohe Gelehrsamkeit zu geben vermochten, da brach er in den sehnsüchtigen Ruf aus: „O daß ich doch nur zwölf Geistliche in meinem Lande hätte von der Gelehrsamkeit des Hieronymus und Augustinus!" Da schalt ihn Alkuin mit der guten Gegenrede: „Der Schöpfer des Himmels und der Erde hatte nur zwei von ihrer Art, und du willst zwölfe haben."

Der König hatte eine unbegrenzte Ehrfurcht vor allem edeln Wissen und faßte scharf und schnell. Aber der Unterricht, welchen er selbst genossen, war wie die gesamte Lehre in seiner Jugendzeit kümmerlich gewesen. Er sprach allerdings Deutsch und Romanisch, das Latein gut, das Griechische verstand er ein wenig, aber das Sprechen machte ihm Mühe. Er hatte Lateinisch lesen gelernt; aber da er bei Gelegenheiten, die ihn in Versuchung setzten, laut vorzulesen vermied, darf man annehmen, daß ihm das Lesen nicht ganz bequem war. Rechnen lernte er erst im höheren Mannesalter, das Schreiben aber vermochte er nicht durchzusetzen. Er gab sich große Mühe, führte sein Täfelchen immer bei sich und legte es bei Nacht unter das Kopfkissen, doch die Hand fügte sich nicht dem Zwange. Er war vierzig Jahre, als er mit Eifer daran ging, das zu lernen, was man damals weltliche Wissenschaft nannte: Grammatik, Rhetorik und Dialektik, vor allem aber Astronomie. Seinem klaren Geiste floß die Rede sicher und leicht vom Mund, und seit er ein wenig in die Geheimnisse der Wissenschaft eingeweiht war, machte ihm die größte Freude, was er gelernt hatte, andern mitzuteilen. Ja, es war viel von einem Schulmeister in ihm, er war bei jeder Gelegenheit emsig zu lehren und zu mustern; beim Chorgesang in seiner Kapelle spähte er scharf nach Priestern und Sängern, wußte genau, was jeder vermochte, und wurde sehr ungnädig, wenn ein Fehler vorfiel. Er übernahm selbst die Funktionen eines Chorführers, zum Vorlesen und Gesang während des Gottesdienstes gab er den Einzelnen das Zeichen, wo sie anfangen und sich ablösen sollten, und es scheint, daß er dabei mit einer großartigen königlichen Willkür verfuhr und nicht immer mit gebührender Rücksicht auf Sinn und Text sein Zeichen gab. Jedenfalls schwebten die Funktionierenden, vom Bischof bis zum Chorknaben, in größter Angst, Unwissenheit oder Ungeschick konnte um seine Gnade bringen. Wenn er einmal ärgerlich wurde, so war es am ersten hier; wer aber Geistesgegenwart zeigte und pflichtgetreuen Sinn bei Responsorium und Lektion, der durfte Gutes von ihm erwarten.

Nicht nur um die Bildung der Erwachsenen kümmerte sich Karl persönlich, auch die Knabenschule des Hofes stand unter seiner Aufsicht, er ließ sich die Arbeiten der Schüler vorlegen, strafte und belohnte. Dabei sah er forschend auf Gemüt und Charakter der jungen Leute und verwendete sie später mit einer Kenntnis ihres Wesens, welche sonst nur einem klugen Lehrer zuteil wird. Die Schule muß eine große Anzahl Knaben und Jünglinge unterrichtet haben, denn in der nächsten Generation begegnen wir überall Männern, die dort ihre Bildung erhielten. Der Mönch von St. Gallen hat auch aus der Hofschule hübsche Geschichten bewahrt, welche uns den König vertraulich nahe stellen. Er erzählt z. B. wie folgt:

„Da der allersiegreichste Karl nach langer Zeit in das Frankenreich zurückkehrte, befahl er, daß die Knaben zu ihm kommen sollten, die er dem Lehrer übergeben hatte, und ihm vorzeigen ihre geschriebenen Briefe und Gedichte. Also die vom Mittelstande und von niedriger Herkunft zeigten wider Erwarten Sachen vor, die mit allem Gewürz der Weisheit versüßt waren, die Edlen aber reichten hin, was ganz ungewaschenes Zeug war. Da ahmte der allerweiseste Karl die Gerechtigkeit des ewigen Richters nach, er schied die guten Arbeiter zusammen aus auf die rechte Seite und redete sie also an: „Habt großen Dank, meine Söhne, daß ihr euch Mühe gabt, meinem Befehl und eurem Vorteil nachzukommen, so gut ihr vermochtet. Jetzt müht euch, zur Vollendung vorzudringen, und ich werde euch Bistümer und prachtvolle Klöster geben, und immer werdet ihr ansehnlich sein vor meinen Augen.“ Darauf wendete er sein Antlitz mit großem Tadel auf die Linken, erschütterte ihre Gewissen durch einen flammenden Blick und schleuderte auf sie ironisch diese schrecklichen Worte, mehr donnernd als sprechend: „Ihr Edlen, ihr Söhne von Fürsten, ihr Zarten und Niedlichen, ihr habt euch auf Geburt und Gut verlassen, habt mein Gebot und euren Ruhm verachtet, habt die Wissenschaften vernachlässigt und eure Zeit mit Pracht, Spiel, Nichtstun oder eitlen Künsten vollbracht." Dies schickte er voraus; dann wetterte er seinen gewöhnlichen Schwur, indem er sein hohes Haupt und die unbesiegte Rechte zum Himmel richtete: „Beim König der Himmel, ich mache mir nichts aus eurem Adel und eurer Schönheit, wenn euch auch andere bewundern; und das sollt ihr sonder Zweifel wissen, wenn ihr nicht die frühere Trägheit durch wachsamen Fleiß wieder gut macht, so werdet ihr vom Karl nie etwas Gutes erhalten."

„Von den oben erwähnten Armen also nahm er einen, der ein guter Redner und Schreiber war, in seine Kapelle. Mit diesem Namen pflegten die Könige der Franken ihren heiligen Raum zu nennen wegen der Kappe des heiligen Martinus, welche sie regelmäßig in den Krieg mit sich nahmen, sich zum Schutz und den Feinden zum Trutz. Nun wurde dem allersorgsamsten König Karl gemeldet, daß ein gewisser Bischof gestorben sei. Er aber frug, ob der Tote etwas von seiner Habe oder von Werken vor sich nach dem Himmel vorausgeschickt hätte, und der Gesandte antwortete: „Herr, nicht mehr als zwei Pfund Silber.“ Da also seufzte jener Jüngling, er konnte den Hauch des Geistes nicht in der Brust zurückhalten und brach wider Willen, so daß es der König hörte, in diese Worte aus: „Klein ist das Reisegeld auf den weiten und langen Weg.“ Und Karl, der allerbedächtigste der Männer, überlegte ein wenig und sagte zu ihm: „Und glaubst du, daß du mehr auf die weite Reise verwenden würdest, wenn du dieses Bistum erhieltest?“ Der Knappe verschlang sogleich das schwebende Wort wie überreife Trauben, welche in einen aufgesperrten Mund hinabfallen; er fiel zu den Füßen des Königs und sagte: „Herr, das liegt in Gottes Willen und in Eurer Macht.“ Und der König sagte: „Stehe hinter der Gardine, welche in meinem Rücken hängt, und lausche, was für große Mitbewerber du bei dieser Würde haben wirst.“

„Als nun die Hofleute, welche immer auf das Unglück und den Tod anderer lauern, den Abgang des Bischofs hörten, suchten sie alle ungeduldig und einer dem andern neidisch für sich selbst das Bistum zu erwerben durch solche, welche dem Kaiser vertraut waren. Aber er bestand unerschütterlich auf seinem Beschluß, schlug es allen ab und sagte, er wolle jenem Bürschchen nicht unwahr sein. Endlich sandte die Königin Hildegard zuerst die Großen des Reichs, dann aber kam sie selbst zum König, um dies Bistum für ihren Geistlichen zu fordern. Er nahm ihre Bitte holdselig auf und sagte, er wollte und könnte ihr nichts abschlagen, aber es zieme ihm nicht, jenes

Pfäfflein zu täuschen. Wie es nun aller Frauen Gewohnheit ist, daß sie ihr Meinen und Belieben höher achten wollen als den Beschluß der Männer, so verbarg sie hinterlistig ihren Zorn, wechselte die laute Stimme ins Zarte, versuchte durch flehende Geberde den unbewegten Sinn des Kaisers zu erweichen, und sagte ihm: „Herr, mein König, was soll dieser Knabe dieses Bistum verderben? Aber ich beschwöre Euch, holdester Herr, mein Ruhm und mein Heil, gebt es Eurem treuen Diener, diesem meinem Geistlichen." Da umschlang der Jüngling, den der König hinter den Vorhang gestellt hatte, bei dem er saß, auf daß er hörte, wie jeder von den andern flehte, den König mitsamt dem Vorhange und brach in diese Klage aus: „Herr König, bleibe fest, damit sie dir nicht die Macht aus der Hand winden, die dir Gott gegeben hat." Da rief ihn der allertapferste Held der Wahrheit hervor und sagte ihm: „Nimm das Bistum und sieh zu, daß du mehr Aufwand und Reisegeld für mich und dich vorausſendest auf jene lange Fahrt, von der keine Rückkehr ist.""

Der König war gastfrei und sah gern Fremde an seinem Hofe. So stark war in der letzten Zeit der Fremdenbesuch, daß die Ordnung des Hofhalts schwer zu erhalten war, das Land die Belästigung empfand und die Franken unzufrieden wurden. Karl aber kümmerte sich gar nicht darum. Es war eine bunte Gesellschaft, welche aus der Fremde kam;

neben dem gelehrten Mönche aus Italien, der lateinische Verse zum Lobe des großen Königs zu machen wußte, stand im Vorzimmer der Sarazenenhäuptling aus Spanien, mit Turban und juwelengeschmücktem Handjar, vornehme Sachsen im langen Linnengewande, der langobardische Graf in kurzem Purpurmantel, den er sich mit Pfauenfedern besetzt hatte, Avaren mit geflochtenem Haarschopf, dazwischen Gesandte des Kaisers von Byzanz, braune Mauren und schlanke Perser. Der König war gegen alle der gastliche Wirt, froh, Geschenke zu geben, und herzlich erfreut, wenn er etwas Seltenes erhielt. Die Kaiser von Byzanz hatten seinem Vater eine Orgel geschenkt, die erste im Frankenlande, dann ihm selbst eine bessere, und die himmlische Musik des Wunderwerkes wurde noch immer von Geistlichen und Laien angestaunt, wie es bald das Rollen des Donners, bald den süßen Ton der Leier und Zimbel nachahmte. Harun al Raschid sandte durch Isaak einen Elefanten und lustige Affen, der Maurenkönig aus Afrika einen Löwen und numidische Bären. Karl aber beschenkte den Harun mit Hunden, welche so stark waren, daß sie einen Löwen packten[1]).

Gern führte der König seine Gäste auf die Jagd, denn Weidwerk blieb ihm die liebste Erholung; der

[1]) Der Elefant Abdul Abbas machte dem König große Freude. Seine Ankunft wurde in den Reichsannalen verzeichnet, und ebenso neun Jahre darauf sein unvermutetes Ableben hinter dem Tode der Prinzessin Hruodrud.

Jagdgrund, zu dem er am häufigsten zog, war der Ardennerwald. Stattlich war der Auszug der kaiserlichen Jagd, wie ihn Angilbert, der Freund und Sänger Karls, beschreibt. Wenn die erste Morgenröte auf die Berggipfel fiel, dann eilte die Schar der edlen Knaben vor das Schlafgemach des Königs und erwartete ihn auf der untersten Stufe. In der Stadt wurde es laut, die Menge tummelte sich auf dem Platz, die Herren riefen ihren Dienern, Roß wieherte gegen Roß. Das Leibpferd des Königs wurde an die Stufen geführt, Zaum und Decke waren mit Gold geschmückt, stolz schüttelte es die Mähne und freute sich der Bergfahrt. Endlich trat Karl heraus, sein edles Haupt umschloß ein Goldreif, gewaltig war auch in der Jagdlust seine Haltung und Geberde, der Schwarm umdrängte ihn, die Knaben trugen die Jagdspieße mit spitzen Eisen, das leinene Netz mit vierfachem Saume, sie führten die halsgefesselten Hunde, Winde und Bracken. Das Stadttor öffnete sich, die Hörner tönten, lustig zogen die Klänge durch die Luft, der König fuhr mit seinem Jagdgefolge ins Freie. Länger säumte die Königin, endlich kam sie aus dem Schlafgemach, gefolgt von großer Schar. Die Locken hingen mit Purpurband durchwunden auf den hellen Hals, goldene Fransen umsäumten das dunkle Purpurgewand, an der Schulter glänzte ein kostbarer Beryll, auf der Stirn das goldene Diadem, am Hals ein Band von Edelsteinen. Die Königin bestieg ihr

Roß, das feurig unter der Hand des Knaben aufbäumte, und folgte mit großer Begleitung dem Gemahl. Die übrige Jugend erwartete an der Tür die Kinder des Königs. Nach der Ehre ihres Alters treten sie einzeln hervor, Karl der älteste, das verjüngte Abbild des Vaters, dann der kriegstüchtige Pippin, der Held des Avarenkrieges, der Liebling des Hofes, mit einer großen Schar der Begleiter, auch er die Schläfe mit goldenem Reife geschmückt. Mit der Schar der Edlen reiten sie in das Freie, groß ist Getön und Gedrang, laut schallen die Hörner, bellen die Hunde. Jetzt erst folgt die Reihe der Königstöchter, sie schwingen sich mit den Frauen ihres Gefolges auf die Rosse, zu gemächlichem Schritt bändigt Hruodrud das ihre, dann kommt Berta in großem Frauengefolge, Gisela, Hruodhaid, Theodadra, Hildrud, sie jagen auf flüchtigen Rossen den Männern nach in das Freie.

Das ganze Jagdheer ist am Waldessaum gesammelt. Die Ketten werden den Hunden abgelöst, sie rennen in das Holz, das Wild zu suchen. Die Reiter umgeben das Dickicht, Gebell erschallt, ein Eber ist gefunden, den Hunden stürmen die Männer nach, der Wald ertönt von lautem Getöse. Der Eber stürzt vorwärts und hält sich auf der Höhe des Berges. Die Hunde erreichen ihn, er aber fällt sie mit scharfem Zahn. Da sprengt der König selbst herzu, und als der schnellste im Haufen stößt er ihm das Eisen in die borstige Brust und ruft laut dem Gefolge zu: „Gut Heil dem Tage, wie der Anfang war; wohlauf an Weidmanns Werk mit Gunst, Gesellen!“ — Kaum war das Wort gesprochen, so stob der Haufe den Berg hinab, und jeder dachte der Beute, Karl aber flog allen voran, den Wurfspeer in der Hand.

Viel Wild wurde erlegt bis zum Abend. Da teilte der König die Jagdbeute unter alle Edlen, dann ging der Zug nach der grünen Lichtung, wo ein Bach floß, Wohnsitz von vielen Vögeln, die dort hausten und badeten. Dort standen goldgeschmückte Zelte auf dem Grund und hin und wieder die Jagdhütten der Edlen. Und Karl rüstete den Jagdgenossen ein frohes Mahl und setzte sie nach den Jahren gesellt, die würdigen Greise zusammen, die Männer bei vollen Jahren und wieder die flügge Jugend, und gesondert die Jungfrauen. Er ließ den Wein auf die Tische setzen. Unterdes sank die Sonne, die Nacht stieg herauf, die Müden ruhten aus unter dem Zeltdach im grünen Walde.

Nicht ohne Gefahren war die Jagd im Bergwald, noch wurde der Bär und Auerochs verfolgt, und Karl selbst erlebte mit dem wilden Getier Abenteuer. Einst — es war in den früheren Jahren — verfolgte er einen Trupp Ure. Er fuhr an eines der Tiere heran und hob die Waffe, aber der Schlag mißlang, das greuliche Tier zerriß dem König die Strümpfe und die Bänder der Schuhe und traf mit der Spitze des Horns sein Bein. Isambard aber, der Sohn des Warin, sprang gegen das Tier, bohrte den Speer zwischen Schulter und Hals bis in das Herz, und wies das zuckende Ungeheuer dem König. Der König aber tat, als sähe er's nicht. Nun kamen alle und wollten zum Dienst des Königs ihre Strümpfe ausziehen; er aber hinderte sie und sprach: „So zugerichtet muß ich zur Hildegard kommen." Der König ritt zurück, er rief die Königin, zeigte ihr den zerrissenen Fuß und sprach: „Was verdient der, der mich von diesem Gegner befreit hat?" Und sie erwiderte: „Das Beste." Da erzählt der Herr ihr alles der Reihe nach und legte ihr die ungeheuren Hörner als Zeichen hin, sie aber stöhnte und weinte und schlug sich die Brust. Und da Isambard damals in Ungnade war und aller Würden beraubt, so warf sie sich dem König zu Füßen und erbat für Isambard alles zurück, und sie selbst spendete ihm Gaben.

Aber auch dieses große Fürstenleben verfiel dem Schicksal, welches aller irdischen Größe bereitet wird. Die größte Menschenkraft vermag nicht bis an das Ende ihrer Tage dem Bedürfnis der Nation Genüge zu tun. Gerade durch das Größte, was der Mensch getan hat, wird er beschränkt, die Folgen seiner Taten, nicht der argen allein, auch der guten, verengen ihm den Pfad; wer ein Volk in seine Bahnen zwingt, der beschränkt ihm auch den künftigen Erdenweg, und vieles, was er nicht zwingen kann, empört sich, während er lebt oder nachdem er gestorben, gegen seine Schöpfungen. Karl sorgte als strenger und liebender Vater für sein Volk, aber die Größe, welche er seinem Staate gegeben, forderte unablässig eine Herrscherkraft wie die seine. Er war als Gesetzgeber eifrig um Recht und Wohl der Kleinen bemüht; aber gerade durch seine Heereszüge, welche in den ersten dreißig Jahren seiner Regierung fast alljährlich die Grenzen überschritten, wurde die Lage der Gemeinfreien unerträglich, und die Zahl der freien Landarbeiter verringerte sich unter ihm zusehends, das Fußvolk wurde schwächer als die Reiterei, die Grafen des Königs und die reicheren Grundherren wurden mit dem Reiterhaufen, den sie zuführten, allmählich ein privilegierter Stand; gerade Karl, der gute Landwirt, der Herr aus altem Bauerngeschlecht, drückte wider Willen den freien Landbauer herab und hob die reisigen kleinen Dienstleute, und er, der große Kriegsfürst, verringerte die Kraft des Fußvolks und schuf ein Reiterwesen, welches die Franken zu großem Kriege untüchtig machte. — Aber anderes war ihm und uns verhängnisvoller.

Am Weihnachtstage des Jahres 800 setzte der Papst dem mächtigsten König der Christenheit die römische Kaiserkrone auf das Haupt und kniete dabei verehrend vor ihm nieder, und die Römer riefen ihm „Imperator" und „Augustus" zu. Die höchste Erdenwürde, mit heiligem Nimbus umgeben, wurde ihm zuteil, das alte Römerreich, die große Erinnerung aller Germanenvölker, ward wieder lebendig, und die verhängnisvolle Verbindung der Deutschen mit Italien, des germanischen Königs mit der römischen Kirche wurde aufs neue geweiht. Alles Große und Gute, was Karl getan hatte: die Erhebung des Frankenvolks zu einem mächtigen Staat, die wohlwollende Schutzherrschaft über die Kirche des Abendlandes, das lateinische Gebet seines Kaplans, das Abschreiben römischer Handschriften, die Erörterungen mit Alkuin über die römischen Partikeln de und dis, das Standbild Theodorichs, welches er täglich von seinem Palast sah, das alles hatte unablässig zwischen ihm und Rom unsichtbare Fäden gezogen; sie drehten sich jetzt zu einem Seil, durch welches das Schicksal seiner Nachfolger, ja das Schicksal der deutschen Nation bis zur Gegenwart an Italien und die römische Kurie gefesselt wurde. Nicht er fühlte, solange er lebte, die Bande, aber sie haben die Deutschen seit seinem Leben unablässig eingeschnürt.

Die letzten vierzehn Jahre seiner Regierung waren die friedlichsten, nicht die glücklichsten für ihn selbst. Schon das Jahr 800 raubte ihm seine letzte Gemahlin, das Jahr 804 den würdigen Alkuin. Der mächtige Herr Europas mußte erleben, daß die Küsten seines Reiches durch neue Feinde heimgesucht wurden, denen auch seine Flotten, die er an der Nordsee und dem Mittelmeere bauen ließ, nicht zu wehren vermochten. Im Nordmeer boten die Normannen, im Mittelmeer die Sarazenen seinem Kriegsbanner Trotz; tief empfand er die Gefahr, welche dem Reich durch die unnahbaren Feinde bereitet wurde. Die furchtbarsten Jahre 810 und 811 brachten nicht nur unter die Herden Pest, unter die Menschen Hunger, sie trafen auch das Herz des Königs, er verlor seine älteste Tochter und die beiden ältesten Söhne Karl und Pippin. Schon im Jahre 812 machte er ein Testament, 813 rüstete er sich zu sterben, er nahm mit Tränen Abschied von dem letzten seiner Söhne, Ludwig, den er als gekrönten Kaiser nach Aquitanien entließ. Seine letzte Fahrt war zur Jagd in den geliebten Ardennerwald.

Seitdem steht dieser Mann der deutschen Volkskraft zwischen Deutschen und Romanen, zwischen dem Germanentum der Völkerwanderung und dem Deutschtum der späteren Jahrhunderte wie ein riesiges Bild, welches die Markscheide zweier Nationen und zweier Bildungsstufen des deutschen Wesens bezeichnet. Denn er war zugleich der Vollender einer alten Zeit und Eröffner einer neuen; der größte Fürst aus der Wanderzeit und der größte Fürst des Mittelalters. In dem Lauf seines langen tatenreichen Lebens wiederholt sich das Schicksal des Germanentums aus früheren Jahrhunderten, und dasselbe Schicksal, das er sich bereitet und durchlebt, vollendet sich auch an den Geschlechtern aller folgenden Kaiser, an Sachsen, Franken und Hohenstaufen. Es ist unter veränderten Umständen dieselbe große geschichtliche Tragödie. Die Germanen der Urzeit verfallen nach siebenhundertjährigem Kampfe dem romanischen Wesen. Karl der Große beginnt als deutscher Heerkönig und endet als Bundesgenosse des Papstes und römischer Kaiser; die Sachsen-, Franken-, Hohenstaufen-Herren kommen herauf als deutsche Edle, gehoben durch die Sehnsucht des Volkes nach einem kräftigen deutschen Herrn, und sie enden in italienischen Kämpfen und dem Streit um die Weltherrschaft.

Als Krieger und Landwirt von deutscher Art begann Karl der Große, und er endete als Herr eines mächtigen Adels, einer herrschenden Kirche; er war, als er zur Regierung kam, ungelehrt wie sein Volk, und als er starb, hinterließ er eine Anzahl großer Kulturstätten, Tausende von Büchern, gelehrte Priester und Weltleute in allen Teilen des Reiches. Wo die wilden Sachsen Menschenopfer gebracht, wo die Friesen ihre Bekehrer erschlagen, wo die Avaren mit ihren Köchern über die Matten fruchtbarer Täler geritten, da erhoben sich jetzt Glockentürme, königliche Meiereien und Klosterschulen. Sein großes Reich zerfiel unter seinen Nachfolgern, aber die Keime des Lebens, die er in den Ackergrund und in die Seelen der Menschen gesenkt hatte, überdauerten die Verwüstungen der nächsten Folgezeit, und mit der Ordnung, welche er den Deutschen gab, beginnt die selbständige Zeit deutscher Geschichte.

Er war ein Herr über Deutsche und Romanen,

sein Geschlecht war an der alten Grenze zwischen beiden Nationalitäten heraufgekommen, aber Karl wußte wohl, daß die letzte Quelle seiner Macht in der Hingabe und Tüchtigkeit seiner ungebildeten Deutschen lag. Die großen Häuser, wo er am liebsten wohnte, Ingelheim und Aachen, hat er auf deutschem Boden gegründet, die Frauen, die er liebte, hat er aus deutschem Blute gewählt, der Schwerpunkt seiner Kraft schob sich allmählich durch seine Siege und Kulturen auf unsere Seite des Rheins. Das erkannten auch die Päpste. Er selbst war ein Deutscher von Kopf bis zu Fuß, stahlhart und kindsweich, bildungsbedürftig und nachdenklich, von milder Klarheit des Urteils und behaglicher Hingabe an die Stunde, wohl der größte Fürst von deutschem Blut, den die Geschichte kennt.

# Friedrich Barbarossa. Minnesang und Minnedienst zur Hohenstaufenzeit[1]).

Von 1138 bis 1254 herrschte über Deutschland ein Königsgeschlecht, stolzgesinnt, kriegstüchtig, in Tugenden und Fehlern weit über das Mittelmaß menschlicher Kraft emporragend. Unter den Hohenstaufen hob sich das römische Reich noch einmal auf wenige Jahre zu einem Umfange und Ansehen, wie kaum jemals seit Karl dem Großen. Aber auf die höchste Blüte des mittelalterlichen Staates folgt unter denselben Gebietern plötzlich der ärgste Verfall, und als der letzte König des Hauses stirbt, erscheint das Los der deutschen Kaiserkrone so unheilvoll, daß sich kein deutscher Fürst findet, der sie auf sein Haupt nehmen will. Gerade durch die Hohenstaufen wurde deutlich, daß der stärkste Menschenwille das Verhängnis des Reiches nicht mehr aufzuhalten ver-

[1]) In dem 1. Bande der Freytagschen „Bilder aus der deutschen Vergangenheit" führt dieser Abschnitt den Titel „Aus der Hohenstaufenzeit". Einige Absätze daraus sind hier fortgelassen.

mochte. Es ist richtig, das mächtige Königsgeschlecht verging im Kampfe gegen das Papsttum, aber nicht die Feindschaft des dritten Innozenz und seiner Nachfolger war letzter Grund des Staufischen Verderbes, sondern die alte Idee der römischen Universalmonarchie. Denn der Ehrgeiz, diese Weltherrschaft aufzurichten, untergrub die Wurzeln, welche das alte Heerkönigtum noch über dem deutschen Grunde erhielten. Die gewalttätigen Staufenherren konnten die trotzigsten ihrer großen Vasallen verjagen, zusammengeballten Landbesitz einmal verkleinern, aber sie waren nicht imstande, die Gewalt der Fürsten über die Landschaften zu beseitigen. Denn die Reichsfürsten waren Häupter großer weitverzweigter Familien: wenn der König ein Haupt ächtete, blieben zehn andere derselben Sippe, ebenso hochfahrend, feindselig und kriegsmutig; sie waren ferner die obersten Beamten ihrer Landschaft, welche über Recht und Sicherheit zu walten hatten, und die Gewalttaten von tausend kleinen Rebellen zu bändigen, das vermochten sie nur als Gebieter über eine bewaffnete Macht, und der König mußte jeden, dem er die Aufsicht über Recht und Sicherheit gab, zu einem Heerführer seiner Landschaft machen. Und endlich der König selbst konnte diese Unterfeldherren und das Heer ihrer unruhigen Dienstmannen nicht entbehren, am wenigsten, wenn er für sein Haus in der Fremde großer Heerfahrt bedurfte. Als Friedrich der Rotbart die Frucht vierundzwanzigjähriger Anstrengungen in Italien einernten wollte, zog der Sachsenherzog von ihm und gab ihn seinen Feinden preis; als Philipp sich mit dem Papste ausgesöhnt hatte und seinen Gegenkaiser Otto zum letzten entscheidenden Kampfe drängte, wurde er durch einen deutschen Reichsfürsten ermordet. Wenn Friedrich II. dabei war, den letzten Widerstand der italienischen Gegner zu brechen, mußte er eilig nach Deutschland ziehen und gegen den eigenen Sohn, oder gegen Friedrich von Österreich, oder gegen Heinrich von Thüringen um Reich und Krone kämpfen. Kein Königshaus hat die Fürsten des deutschen Reiches gewalttätiger behandelt und keines hat ihnen so viele Zugeständnisse machen müssen, um ihre Heerfolge zu sichern. Während Hohenstaufen über Lombarden, Normannen und Araber siegten, am Golf von Neapel Tafelrunde hielten und ihr Banner in die Mauersteine Jerusalems steckten, war ganz Deutschland mit Fehde, Raub, Gewalttat erfüllt und die asiatischen Mongolen brachen über die schutzlose Reichsgrenze.

Aber Papsttum und Kaisertum strahlten in jener Zeit, die beiden Verhängnis wurde, noch einmal den hellsten Glanz aus, denn die starken Männer, welche hier und dort für eine große Idee kämpften, waren Bewunderung und Schrecken ihrer Zeitgenossen. Nicht die politischen Erfolge und Niederlagen der Hohenstaufen waren das größte, was sie den Deutschen bereiteten. Der beste Segen jedes großen Herrscherlebens ist, daß es Glanz und Wärme in Millionen

Herzen sendet. Mit den Anforderungen, die es seinem Volke zumutet, erweckt es auch Begeisterung und ein edles Selbstgefühl, Steigerung der nationalen Kraft auf jedem Gebiete irdischer Interessen, größeres Urteil und eine Fülle von poetischen Empfindungen. Dieser Segen eines starken Lebens wirkt noch dann einen unendlichen Kulturfortschritt des Volkes, wenn sich als Irrtum erweist, was den Herrschenden selbst für das höchste Ziel ihrer Kämpfe galt. Auch der Gewinn, welchen die Hohenstaufenherrschaft den Deutschen brachte, ist ein immerwährender geworden, und wir alle leben und atmen darin.

Der große Staufenfürst, welcher der Nation diesen Gewinn bereitete, war Friedrich der Rotbart. Völlig ein Herr, wie das Volk sich ihn begehrte, und zugleich ein Kaiser, der deutsche Fürsten zu bändigen wußte. Gewaltig in Erscheinung, Wort und Willen, ein Kriegsheld, der mit auserwählter Schar in das dichteste Schlachtgetümmel ritt, der noch als Greis auf gepanzertem Roß vor seinem Heere in den Fluß tauchte; ein reicher Gabenspender für seine tapferen Getreuen, für den kunstvollen Sänger und bauverständigen Werkmeister; ein Urteilsprecher von eherner Kraft, dabei ein weitschauender Staatsmann, der die großen Fürsten Europas und des Morgenlandes mit stolzer Überlegenheit behandelte und die Schnüre fest in der Hand hielt, durch welche er ihren Eigennutz bändigte. Und doch von Herzen ein Deutscher mit dem Bedürfnis zu lieben und zu vertrauen, und nicht frei von den Einbußen, welche diese germanische Neigung einem König brachte. Er war geneigt zu Gewaltmitteln; wo er Widerstand fand, war er hart und ohne Erbarmen, und dabei im Wollen von einer zähen Festigkeit, welche durch kein Mißlingen beirrt wurde. Aber ebensogut verstand er schnell und ganz nachzugeben, wo der Widerstand unüberwindlich wurde, und deshalb auch aus Niederlagen das Mögliche zu retten. In vielem fürwahr ist er Karl dem Großen ähnlich. Eine hünenhafte Heldengestalt war den Germanen aufgestiegen, um das römische Reich deutscher Nation aus dem Chaos der Völkerwanderung vorzubereiten; eine zweite erschien, kurz bevor die alte Kaiseridee des Mittelalters verging. Doch Friedrich war nicht nur der stolzeste Nachfahre des großen Karl, zugleich sein dunkleres Gegenbild. Sein Leben begann unter dem Zwange derselben Ideen, in denen das Leben Karls geendet hatte. Auch er forderte sich die Herrschaft über Italien, die Oberherrlichkeit über das Abendland. Aber unvergleichlich stärker waren die widerstrebenden Mächte, mit denen Friedrich rang; die lombardischen Krieger waren zu Bürgern geworden und leisteten hinter den Stadtmauern einen zähen, heervernichtenden Widerstand, und neben ihnen war in den Normannen ein anderes Volk aus Germanenblut festgewurzelt, von härterer Natur und schärferem Schwertschlag. Auch der Papst war etwas weit anderes als jener schutzlose Kirchenfürst, der sich

Hilfe flehend an den Frankenkönig angelehnt hatte, er stand jetzt als höchster Herr in der Christenheit, der wohl besiegt, nicht mehr auf die Dauer unterworfen werden konnte. Sachsen, Slaven und die Ungarn im untern Donaugebiet waren Christen geworden, aber ihre Politik war dem deutschen Könige deshalb nicht weniger gefährlich, weil sie mit Ritterwaffen und als erfahrene Heergenossen widerstritten. Des Kaisers Majestät und Siege vermochten auch dort nur persönlichen Erfolg zu schaffen, nicht mehr ungebändigte Völker durch Kreuz und Glockenklang an die Herrschaft zu fesseln. Anders ist deshalb das Zeitmaß der drei großen Akte, in denen die Tragödie dieses Heldenlebens verläuft. Friedrich bedurfte lange Zeit fast ausschließlich für die Kriege, in denen er sich durchsetzte; gefährlicher war der Streit für ihn selbst, nach unendlichem Ringen drohte noch eine große Niederlage alles zu verderben; als Sieger mußte er zuletzt Versöhnung mit den Feinden suchen.

Aber auch in seinem Leben folgten auf harte Kriegsarbeit Jahre verhältnismäßiger Ruhe, wo er als gewaltiger Herr des Abendlandes waltete. Und auch sein Leben wurde in dieser Zeit zu einem unermeßlichen Segen für die Kultur des deutschen Volkes; neue Bildung, neue Poesie in heimischer Sprache und neue Kunst des edelsten Handwerks sproßten fröhlich auf deutschem Boden empor. Zuletzt wieder endigte ähnlich wie der fränkische Karl auch der Hohenstaufe, indem er der weltbewegenden

Idee verfiel, welche durch die Kirche seiner Zeit verkündigt und ausgebeutet wurde. Der Gegner und Besieger des Papstes nahm als Greis das Kreuzeszeichen und ertrank als Kämpfer gegen die Sarazenen im Morgenlande. So ist allerdings die Fügung seines Geschickes der des ersten deutschen Kaisers vergleichbar. Aber es ist nicht mehr das junge, kaum gebändigte Volkstum der Deutschen, welches ihn trägt, unfreier und bedrängter arbeitet seine dauerhafte Kraft mit untilgbaren Gegnern; er ist nicht mehr Alleinherrscher und freier Grundherr eines ungeheuren Gebietes, der auf fruchtbarem Neuland seine Saaten wirft, er ist ein vornehmer Herr unter mächtigen Rivalen, deren Dasein wie das seine im Zwange eigentümlicher Kultur und festgeformter Interessen verläuft; was sich in ihm verkörpert, ist nicht mehr die aufsteigende, sondern die niedersinkende Macht des Reiches, und die frohe Vollkraft eines schöpferischen Geistes ist ihm versagt. Das deutsche Volk aber bildete sich allmählich die Ähnlichkeit des Hohenstaufen mit dem verdämmerten großen Kaiser der Vorzeit in Sagen aus. Er saß, wie jener frühere Gebieter nach dem Herzen des Volkes, schlafend im Berge, der lange Bart wuchs ihm durch den Tisch, und er mußte fragen, ob die Raben noch fliegen und der entlaubte Baum noch nicht wieder grüne. Erst war dieser schlummernde Herr des deutschen Winters ein alter Heidengott gewesen, dann wurde es Karl, dann Kaiser Friedrich.

Seit ihm war die Herrschaft des deutschen Reiches bis in unsere Zeit Sage, Traum und Sehnsucht.

Als Friedrich römischer König wurde, hatten die Kreuzfahrten seit fünfzig Jahren gearbeitet, die realen Verhältnisse Deutschlands umzuformen und den Seelen einen neuen Inhalt zu geben. Hunderttausende waren ausgezogen und nicht wiedergekehrt, darunter viel Gesindel und loses Volk; in den geschlossenen Dorffluren war das Gefühl der Übervölkerung nicht mehr vorhanden, der dienstpflichtige Bauer, welcher arbeitsam auf der Scholle saß, fühlte seine Bedeutung, seine Arbeit war dem Herrn wertvoller geworden; auch er hatte allerlei fremde Mode und Reiterbrauch in sein Leben aufgenommen. Der Wechsel des Besitzes war groß gewesen, neue Leute waren heraufgekommen. Schneller rollte das Geld aus einer Hand in die andere und brachte die Empfindung größeren Wohlstandes. Jede bewaffnete Pilgerfahrt brachte dem Bürger reichen Verdienst, die Heere begleitete ein ungeheurer Kramverkehr, und der Großhandel dehnte sich auf allen Straßen, wo die Heere gezogen waren. Die Bekanntschaft mit der Fremde hatte nicht nur größere Kunstfertigkeit, auch unvergleichlich höhern Luxus in dem Lande verbreitet. Fürsten und Edle freuten sich glänzender Feste und Spiele, und die Verschwendung des ritterlichen Lebens entwickelte alle Handwerke, welche reisige Arbeit verfertigten, durch massenhafte Produktion, die Weber, Gewandschneider, Kaufleute sammelten leicht Vermögen, die Anhäufung des Geldes in den Städten wurde bemerklich.

Aber die größte Wandlung war mit den Reisigen vorgegangen, welche als Lehnsleute und Hofgenossen der Edlen überall im Lande saßen. Sie waren durch Jahrhunderte die Drohnen im Bienenstock gewesen, Friedensstörer ihrer Landschaft, die am liebsten in den Burgen lungerten und im Wald auf den reichen Bürger paßten, bei Städtern und Geistlichen übel beleumdet; aber rüstige Waffenträger, Kern der schweren Landesreiterei, beste Hilfe für die Macht der edlen Grundherren, die Stärke des Zuges, welchen der König in fremdes Land führte. Längst waren diese gepanzerten Reiter nach germanischer Weise in fester Ordnung untereinander verbunden, durch Stolz und eigenes Zeremoniell vom Fußvolk der Bürger und Bauern geschieden. Vor den Kreuzzügen hatten sie sich wenig um Schriftlehre und Kunst bekümmert, in den Klöstern der Edlen hatten auch sie geistlichen Trost und ein Asyl für Töchter und kränkliche Söhne gefunden, zwischen den Herrenhöfen und den Bauern des Dorfes hatten sie dahin gelebt, bei allem Selbstgefühl in der Hauptsache dörfische Gesellen. — Im Morgenlande aber lagen sie in ungeheurem Heere neben Fürsten und Edlen, allen Völkern des Abendlandes gesellt, als bevorzugte Krieger des Himmels; der Waffentüchtigste erhielt Ruhm unter Hunderttausenden, jeder seinen

Teil an der Lebensklugheit und Sitte, welche der großartige Verkehr ausbildete. Die feinere Hofbildung der Provenzalen und Normannen, ihre Reiterspiele und Kampfgebräuche gingen schnell zu den Deutschen über; aus Kampf und Lagersitte des Morgenlandes erwuchs ein europäisches Rittertum. Durch gleichen Kriegsdienst und die Ehre des Schildamtes wurden die Ritter mit der europäischen Aristokratie zu einer großen Körperschaft verbunden mit gleichen Waffen, Privilegien und Pflichten. In ihr fühlten sich alle bewaffneten Reiter des Abendlandes, welche die richtige Lehrzeit bestanden und die Ehren ausgelernter Reiter erhalten hatten, als Bundesbrüder.

Den Römerfahrten Kaiser Friedrichs wurde der Ritterstand die beste Hilfe. An den ehernen Haufen brach sich der Zorn der lombardischen Städter, sie wurden den normännischen Rittern ebenbürtige Gegner. Zwanzig Jahre führte der Kaiser diese mutigen Kampfgesellen nach Italien, auch den jüngern ward Sprache, Sitte, Bildung des Südens vertraut. Durch diese ungewöhnlichen Verhältnisse wurde ein neuer Teil der deutschen Volkskraft hoch heraufgehoben, und der alten lateinischen, kirchlichen, gelehrten Bildung, welche bis dahin der Geistliche vertreten hatte, trat eine neue weltliche, ritterliche, höfische des Laien gegenüber.

Die neue Bildung war aber nicht nur weltlich, sie war in manchem nicht einmal christlich. Im Abschluß einer großen Periode zeigte die waltende Kraft unseres Volkes eine Reihe von Empfindungen und Gedanken, durch welche sie Sinn und Herz der Deutschen in der Urzeit gerichtet hatte, noch einmal in heiterem Spiele und phantastischer Umbildung. Schon der Grundton aller Lebensweisheit, welche jetzt verkündet wurde, war dem asketischen Ernst der Kirche fremd. Der Mensch soll froh sein und hochgemut, stolzer Mut, d. h. rechter Frohsinn, ist sittig. „In Züchten froh" wurde bestes Lob, die Fülle der Lebenskraft, welche aus Antlitz und Worten leuchtete, galt für edlen Vorzug bei Mann und Weib. Das Auge hing leidenschaftlich an schönen Zügen und innigem Ausdruck; ebenso an stattlicher Erscheinung, an guten Gewändern und kunstvollem Schmuck, an zierlichen Bewegungen und Tanz, an bunten und prächtigen Aufzügen. Nicht nur das materielle Behagen, auch Grazie und Schönheit der Empfindung wurde gesucht, und sorgfältig vermieden, was für gemein galt, für tölpelhaft oder lächerlich. Die Zucht des Menschen, d. h. die Fähigkeit, sich schicklich und wohltuend darzustellen, wurde sehr wichtig und durch Vorschriften und Beispiel in die jungen Seelen geprägt. Keine Zeit des deutschen Lebens zeigt so viel heitere Sinnlichkeit, so eifrigen Kultus der gesellschaftlichen Vorzüge und so unbefangene Hingabe an die Eindrücke, welche irdische Schönheit erregte; und darum ist die gesamte Bildung jener Zeit antiker Bildung so verwandt; Walter ist zuweilen einem hellenischen Lyriker zum Verwechseln ähnlich, und der ausgelassene Nithart an Grazie dem Theokrit ebenbürtig, an frischer Heiterkeit ihm weit überlegen. Und erstaunt fragen wir: wie war dergleichen naive schöne Heidensinnlichkeit bei guten Christen möglich?

Aber diese Freude an schmuckvollem und lachendem Dasein wurde in altgermanischer Weise als abhängig empfunden von dem Leben der Natur. Wenn der Mai den Baum mit Blättern schmückte und die Heide mit Blumen, wenn die kleinen Vögel sangen und das Wasser befreit von Eis und Schnee durch die Auen floß, hatte einst das Gemüt der Deutschen den Sieg der Menschengötter über die feindlichen Riesengewalten gefeiert. Die alten Feste bestanden im zwölften Jahrhundert überall, aus den Städten ritt der Maigraf mit seiner reisigen Schar zum Speerkampf gegen den Winter und führte als Sieger den Reigen mit der blumengeschmückten Maigräfin; in jedem Dorfe kämpfte der laubumwundene Sommer mit dem vermummten Dämon des Winters; die Kinder und Erwachsenen zogen jubelnd aus, die ersten Veilchen zu suchen, sie warfen festlich geschmückt den Ball und sprangen auf der Wiese den Reigen. Auch dem höfischen Manne begann im Mai die sonnige Freudenzeit. Dann setzte er sein Waffengerät instand, dachte an Schmuck und schöne Kleider und zog aus zum Liebeswerben, zu Gastereien, zu Hochzeit und Turnier, oder auch einmal zu ernsterem Kampf, um Ehre zu erlangen, oder seiner erwählten Frau zu dienen, oder Gut zu gewinnen. Wenn aber der Winter nahte, die kleinen Vögel wegzogen, die Wiese fahl wurde, die Blätter von den Bäumen sanken und der Reif die Äste umzog, dann endete das fröhliche Treiben in der Landschaft, der Deutsche zog sich in das Innere des Hauses zurück, lebte ehrbar mit Weib und Kind und träumte goldene Träume in der Hoffnung auf das nächste Erwachen des Lebens. Die Auffassung von einer Zweiteiligkeit des Menschenlebens, einer heitern Sonnenseite und kalter Dämmerungszeit, durchzieht die gesamte ritterliche Poesie; alles Empfinden der Stunde, jede lyrische Stimmung wird am liebsten dem Grundton angepaßt, welchen die Landschaft im Sommer- und Winterkleide der Menschenseele gibt.

Es ist wahr, das Christentum hatte das gesamte Leben des Deutschen so sehr mit Lehre und heiligen Gestalten erfüllt und war so eifrig bemüht, jede große Funktion seiner Tage durch Weihen an sich zu fesseln, daß sich der Laie vom Morgen bis Abend als treuer Christ fühlen mußte. Aber trotz der Legion der Heiligen, trotz allen guten Werken und den asketischen Übungen, denen sich auch der weltliche Mann nicht entzog, wenn ihn gerade seine Sünden drückten, war doch die fromme Ehrfurcht vor dem Heiligsten sehr vermindert. Zwar der Jungfrau Maria werden kunstvolle Leiche gedichtet, auch zur Befreiung des heiligen Grabes wird noch in Kreuzliedern aufgefordert; aber in dieser Poesie ist oft mehr Kunst als Empfindung, es sind würdige Themata, welche der Schaffende ähnlich behandelt, wie die italienischen Maler im sechzehnten Jahrhundert die heilige Geschichte. Denn häufiger als die Gestalten des christlichen Glaubens werden in den Poesien der Minnesänger andere Gewalten angerufen von befremdlichen Namen: „Frau Sälde“, „Frau Zucht“, „Frau Ehre“, „Frau Minne“, nicht mehr wie in der Heidenzeit als wirkliche Göttinnen des Volkes, aber noch in lebendiger Erinnerung an das Walten geheimer Mächte, welche das Gemüt der Menschen regieren. Die Beschäftigung mit diesen Gestalten ist allerdings ein Spiel geworden, aber der Unterschied zwischen realer Wirklichkeit und poetischer Erfindung ist den Schaffenden keineswegs so deutlich wie unserer Zeit. Der Kirchenglaube aber stand dem Kreis idealer Empfindungen, welche jetzt die Menschen erhoben: dem stolzen Mannesmut, der Kriegerehre, dem Liebesglück, dem wagefrohen Werben um Gunst und Gut, innerlich fremd und zurzeit hilflos gegenüber. Sogar in die geistlichen Handlungen wagen sich unchristliche Gestalten. Der steirische Ritter Ulrich von Liechtenstein besucht im Jahre 1227 als Königin Venus, den untern Teil des Hauptes nach damaliger Sitte mit einem Schleier umhüllt, unterwegs die Messe, geht als Venus trippelnd zum Opfer, die

Kirchendiener bringen ihm „das Pace", das Kreuzesbild, welches bei der Messe der vornehmsten Frau zum Küssen angeboten wurde und von dieser mit einem Kuß der Nachbarin zu übergeben war; Frau Venus will das Kruzifix zuerst mit der Binde vor dem Munde küssen, um Heiterkeit zu erregen, dann gibt sie es einer fremden Gräfin, welche neben ihr sitzt, nimmt die Binde ab, und der Mann wird unter herzlichem Gelächter von der eleganten Dame geküßt. Dies seltsame Eintragen profaner Mummerei in das Heiligste des Gottesdienstes gilt für einen anmutigen Scherz.

Aber auch die sittlichen Forderungen, welche in der Urzeit dem Deutschen sein Schicksal geformt hatten, werden in der Bildung des zwölften Jahrhunderts noch einmal in neuen Verhältnissen maßgebend. Die Idee der Gleichheit aller Krieger drückte sich in dem neuen Rittertum aus: eine große Genossenschaft, welche viele Hunderttausende umfaßt, macht jedem, der daran teil hat, Ehre und Recht der Waffen gleich. Der Bauersohn, welcher Ritter geworden ist, kann — in dieser Zeit — auch dem Fürsten und Gebieter deutschen Landes bei Tjost und Turnier, im Einzelkampf und im Haufenspiel gegenübertreten: der Dienstmann und sein Landesgebieter haben gleiches Recht, um die Liebe einer edlen Frau zu werben, und die Strafen für nicht rittermäßige Haltung sollen gegen beide dieselben sein. Und wieder die frei gewählte Hingabe an andere Menschen, das altheimische Bedürfnis des treuen Dienstes, gewinnt noch einmal hohe Bedeutung in dem Dienst, den der Ritter seiner erwählten edlen Frau widmet. Es ist, in neuen, wunderlichen Formen und bei auffallender Verrenkung des Gefühls, im Grunde genau der alte Drang der Selbstentäußerung. Allerdings nur noch ein Traum der Phantasie und Laune.

Denn poetisch gehoben war das Empfinden jener Zeit, und eine reiche Poesie in deutscher Sprache legt Zeugnis dafür ab.

Emsig suchen wir bei jedem großen Fortschritt unserer Nation die Wege, auf denen er angebahnt wurde, hier und da vermögen wir die geheimen Quellen bloßzulegen, deren befruchtende Kraft ödes Heideland in blühende Auen verwandelte. Aber die Erklärerkunst vermag doch nie das Geheimnis neuen Lebens ganz zu enthüllen. Auch das Aufblühen einer originalen deutschen Poesie am Ende des zwölften Jahrhunderts erscheint uns einem Wunder gleich. Denn fast plötzlich wird etwa seit dem Jahre 1170 das deutsche Land mit einer ritterlichen Dichtkunst und Literatur gefüllt, von welcher wir in den Jahrzehnten zuvor aus überlieferter Schrift kaum die ersten Spuren entdecken. Schnell ist die deutsche Sprache eine andere geworden, der schwäbische Dialekt, der dem Hofe des großen Hohenstaufen heimisch war, gestaltet sich zur gebildeten Schriftsprache; die neue Dichtung, welche aus tausend Seelen ihre Lieder durch das Land sendet, formt mit graziösem Geschmack und sehr feiner Sprachempfindung die Weisen des alten Volksliedes zu vornehmer Kunst aus, und weiß die Töne und Maße der Südfranzosen prachtvoll ins Deutsche umzuarbeiten. Noch im Anfange des zwölften Jahrhunderts ist die deutsche Sprache ungeschickt, die Arbeit des denkenden Geistes und seine Empfindung schriftmäßig auszudrücken. Sie hängt noch ganz in Dialekten, die schweren Vokale der silbenreichen Flexionsendungen sind nur zum Teil verdünnt und abgeschliffen, immer noch schwerfällig; der logische Zusammenschluß der einzelnen Satzteile durch Partikeln ist noch wenig entwickelt, die Perioden suchen gegen den Geist der Sprache lateinische Satzbildungen nachzuahmen. Das wird fast plötzlich anders. Ein Gefühl für sprachlichen Wohllaut, wie es die Neuzeit gar nicht kennt, lebt in hundert Schaffenden, der Ausdruck der Gedanken ist höchst graziös, oft energisch und von epigrammatischer Kürze und Energie.

Offenbar hat das aufblühende Rittertum diese große Veränderung nur deshalb zutage gebracht, weil sie im Volke längst vorgebildet war. Wir wissen, daß der deutsche Versbau in seinen Grundgesetzen uralt ist, wir erkennen wohl, daß die Mönche, welche in der Karolinger- und Sachsenzeit einmal deutsch dichteten, dieselbe Klangempfindung hatten; aber von den Volksliedern der Staufenzeit, die in den Dorfreigen der Wiese und bei den Wintertänzen im Saale gesungen wurden, ist uns nichts erhalten, und sehr wenig von den Liedern der fahrenden Leute, welche jedes Ereignis dem Volke episch zurichteten. Und selbst wenn wir von solchen Texten und Melodien Kenntnis hätten, würde uns nicht geringeres Wunder sein, daß sich in dem Kreise weltgebildeter Laien der alte Volksgesang so schnell verfeinerte und in so einziger Weise Klang- und Sprachgefühl ausbildete während der letzten zwanzig Jahre Friedrich Barbarossas.

Freilich hat die neue Poesie der Edlen und Dienstmannen auch alle Schwächen einer Kunstpoesie, die sich des Gegensatzes zu der volksmäßigen Habe freut. Nicht nur in der Form wird die Kunst zur Künstelei, auch im Inhalt ist die Einseitigkeit auffällig, welche allem anhängt, was in rittermäßiger Weise geschaffen wird. Aber während die höfische Bildung den Volksgesang in ihre Bahnen zog und ihm einiges von ihrem Wesen verlieh, half sie auch durch die Schrift fixieren, was das Volk geschaffen, und belehrte das Sprachgefühl des kleinen wandernden Sängers. Kurze Zeit nachdem die Gedichte der Ritter aufgeschrieben wurden, begann auch die Literatur volksmäßiger Dichtkunst.

Den Kreisen, welche jetzt in den Vordergrund des deutschen Lebens traten, lagen Abenteuer und ritterliche Tat vor allem am Herzen. Schmuck und Pracht des Orients, Freude am Unerhörten, gewagte Verhältnisse zu schönen Frauen, Märchenhaftes und Ungeheures lockte die Phantasie. Die nüchterne Auffassung der Tatsachen, welche in früheren Jahrhunderten die lateinische Geschichtschreibung gelehrter Mönche oft zuverlässig gemacht hatte, ging dieser Zeit fast verloren. Die persönlichen Erlebnisse und was schnell umbildendes Gerücht von den Taten anderer meldete, wurde sorglos zugerichtet und niedergeschrieben. Wie den Ritter sein Herz trieb, rastlos in Einzelkämpfen seine Kraft zu erweisen, in fremden Ländern zu fahren und vor allem Gefahren zu bestehen, die er um des Ruhmes willen suchte: so schuf er auch da, wo er Gedichtetes erzählte, oft zwecklose Abenteuer und eine Willkür für Ritterfahrten ohne innere Notwendigkeit. Der preiswürdige Inhalt seiner Dichtungen war immer ein Spiel mit dem Leben, ein verwegenes, launisches, zuweilen tiefsinniges, oft wunderliches und unnützes Spiel, dem die ethischen Motive aller großen volkstümlichen Gedichte, unwiderstehlicher Zwang der Verhältnisse, dämonische Größe der Leidenschaften fast immer fehlten.

Auch die Liebe des Ritters war nicht eine große Leidenschaft, sondern ein phantastisches Spiel, welches ihn wohl in poetischer Träumerei erhob, selten sein wirkliches Leben mit ernstem Inhalte füllte. Es war charakteristisch für die gesamte Zeit, daß er diesen Kreis von idealen Empfindungen nicht bei der verlobten Braut und seiner Hausfrau suchte, sondern bei fremden Frauen. . . . .

Dort lernten die Deutschen, daß es dem Ritter

zieme, sich eine edle Dame zur Herrin zu wählen, in ihrem Dienste Gefahren zu bestehen, durch Rittertat und Liebeslied um ihre Gunst zu werben, um Ring, Band oder Schleier, den man an die Rüstung heftete, um Liebesglück und Erhörung. Verschwiegen sollte der Ritter sein, den Namen seiner Herrin niemandem bekennen, für sie Gut und Leben dahingeben. Dagegen ziemte der Frau, den Mann, der sich in ihrem Dienste treu bewährte und den Ruhm seiner namenlosen Dame im Lande verbreitete, nicht ohne Erhörung zu lassen.

Wie das hochmutige und sinnlichfrohe Geschlecht diese Erhörung verstand, hätte in unserer Zeit nie für zweifelhaft gelten sollen, auch die edelsten der ritterlichen Sänger sprechen mit großer Unbefangenheit von dem Ziel ihres Wunsches. Zu jeder Zeit war die Entäußerung des eigenen Lebens für den erwählten Menschen oder Gott nicht ohne sehr praktischen Hintergrund gewesen, Leistung und Gegenleistung, um Dienst Gemach, das hieß in den verschiedenen Jahrhunderten: Freuden auf der Metbank, in der Himmelsburg, zuletzt in den Armen der Herrin.

Aber es war mißlich, daß der Ritterdienst des Mannes bei so willkürlich gesetztem Verhältnis selten Gelegenheit fand, sich in ernster Männerarbeit zu betätigen. Das Lied des ritterlichen Sängers war doch nur ein heiteres Spiel der Phantasie. Freilich galt es strengen Charakteren, wie Wolfram von Eschenbach, nicht für das beste Werben. Aber worin bestand das Ritterwerk, welches mehr gelten sollte? Nur selten konnte es Wunsch der Frauen sein, ihrem erwählten Ritter einen Kriegszug zu befehlen; dergleichen Expeditionen geschahen unter dem Zwange sehr realer Verhältnisse, welche mit dem Minnedienst nur wenig zu tun hatten. Auch auf die Kreuzfahrt konnte die Frau ihren Dienstmann nur dann senden, wenn sie geneigt war, ihn zu entbehren oder aus ihrem Dienste zu entlassen. Selbst phantastische Wagnisse und Abenteuer waren auf der deutschen Heerstraße nicht alltäglich, denn die Fehden und Zänkereien der Edlen tobten um Burg und Stadt, nicht weil Liebe, sondern weil Haß und Eigennutz aufstachelte. Da blieb wenig anderes als die Gefahren, welche die Laune der Herrin selbst erdachte — und die deutschen Frauen pflegten ihre Ritter wenigstens nicht in die Löwenzwinger hinabzusenden, wie jene spanische Schönheit —, oder die gewöhnlichen Kampfspiele der Ritter. Aber wenn auch der kräftige Mann in solchem Speerkampfe mit unübertrefflicher Ausdauer Roß und gesunde Glieder auf das Spiel setzte und sich täglich Gefahren unterzog, welche etwa denen unserer gewöhnlichen Studentenduelle vergleichbar sind, es war doch nicht die heilsamste Arbeit, mit einem Ringlein am Finger oder einer Bandschleife am Helm allwöchentlich Volte zu reiten und in einem Monat dreihundert Speere an den Rüstungen guter Kameraden zu zerstoßen. Und darauf lief es in der Regel hinaus.

Wohin war der Deutsche gekommen seit jener Urzeit, wo die Tränen und Beschwörungen der Siguruna den getöteten Gemahl aus der Götterhalle an ihr Herz herabgezogen hatten, wo die dämonische Gewalt weiblicher Leidenschaft den geliebten Gemahl vom Himmel forderte, oder wo sich das Weib, um seinen Tod zu rächen, selbst zur Teufelin machte! Dürftig sind dagegen die zierlichen Leiden des ritterlichen Geschlechtes, abgeschmackt sein Werben und kindisch seine Sentimentalität. Es war eine arge Verbildung, das soll man nicht beschönigen. Aber die unverwüstliche Tüchtigkeit deutscher Natur ließ sich nicht lange beirren. Wenn bei den Romanen die Liebe des Ritters zu seiner erwählten Frau in einzelnen überlieferten Anektoden eine Gewalt und Stärke zeigt, welche beiden das Leben verbrannte: von deutschen Werbern um ritterliche Frauengunst ist uns nichts dergleichen überliefert. Hier wurde durch die größte Innigkeit des Gefühls das ruhige, abwägende Urteil nicht ganz vernichtet. Das nahm der Poesie einige tragische Stoffe, in der Wirklichkeit förderte es die Befreiung. Und es stimmt heiter, Spuren dieser untilgbaren deutschen Bedächtigkeit auch da zu finden, wo man sie am wenigsten erwarten sollte. Wenn Ulrich von Liechtenstein die konventionellen Wächterlieder tadelt, weil es in Wirklichkeit nicht vorkomme, daß Ritter und Frau einen einfältigen und unsichern Turmwächter zum Vertrauten geheimer Besuche machen, dafür sei eine zuverlässige Dienerin weit besser, und wenn er selbst in seinem Liede eine Dienerin den nahenden Morgen verkünden läßt, so ist dieses realistische Eintragen der Wirklichkeit kein Vorteil für die Poesie, aber sehr wohl Zeugnis für eine Gemütsrichtung, welcher untilgbares Bedürfnis ist, das wirkliche Leben zu idealisieren. In der Tat wird zuletzt selbst diesem Ritter, welcher nach Zeitgeschmack der treueste aller Frauendiener war, die Hohlheit seiner liebevollen Hingabe deshalb bemerklich, weil die Erhörung gar zu lange ausbleibt.

Aber durch fast sechzig Jahre liefen die Herzensneigungen eines deutschen Ritters zeitweilig nebeneinander, in Sommerzeit und Winterzeit. Er sehnte sich nach Landbesitz und Lehn, wenn ihm das fehlte, und er dankte erfreut in artigem Liede seinem Herrn, welcher ihm spät zum Lohn für Dienst und Lobgesang solche Wohltat gönnte. Hatte er eigenen Haushalt, dann war er wahrscheinlich verheiratet, mit der Tochter eines benachbarten Vasallen, oder auch eines wohlhabenden Landmannes. Seine Hausfrau erzog die Kinder und leitete sparsam die Wirtschaft; im Sommer, wenn der Mann auf poetischen Fahrten umherzog, mußte sie Hausstand und Dienstleute fest zusammenhalten, auch wohl einmal mit harter Hand den Bolzen auf die Armbrust legen, wenn ein feindseliger Nachbar ihr Haus bedreute; sie war ihrem Wirt Beschließerin, Arzt und zuverlässiger Freund. Aber diese Ehe des Ritters, sein

Hauswesen, seine Kinder, seine Familiengefühle, alles holde Behagen der Heimat stand ganz außerhalb der idealen Welt, in welcher er am liebsten lebte. Unter tausenden erhaltener Lieder des höfischen Sanges ist kaum eins, welches die Freuden einer glücklichen Ehe, das Glück des Hauses feiert; endlos schweift Wunsch, Sehnen, Klage, Freude aus der Natur zu den Höfen der Edlen, bei den stärkeren Männern um die politischen und kirchlichen Wirren des Landes. Man würde dem höfischen Sänger sehr Unrecht tun, wenn man ihm Empfindung für die beste Habe eines Menschenherzens abspräche, nicht das Gefühl fehlt, aber die Fähigkeit des kunstmäßigen Ausdrucks. Der Burgherr war nicht gerade ein treuer, aber doch wahrscheinlich ein warmherziger Gatte und liebevoller Vater. Das war die Prosa seines Lebens. Und sie galt ihm für gemein und kunstlos.

Die vornehme Frau dagegen, welche höfisch gebildet war, fühlte sich damals leicht dem Manne überlegen. Sie konnte lesen und schreiben, was der edle und reisige Dienstmann selten vermochte, sogar viele Sänger nicht; der Ritter mußte wohl ihr Brieflein wochenlang ungelesen bei sich tragen, wenn er gerade seinen vertrauten Kaplan nicht in der Nähe hatte. Sie verstand häufig Latein und hielt nicht nur ihr Gebetbüchlein, auch den Virgil und vielleicht den Ovid in Händen. Sie war auch strenge Richterin über Hofbrauch und entschied ob das

Stück schwere Arbeit gediehen war, welches der Mann aufgewandt hatte, um sich Sitte und höfische Zucht anzueignen. Bei den Romanen war schon vor den Kreuzfahrten das Tagesleben der Edelfrau unter Aufsicht gestellt, sie lebte umgeben von weiblichem Gefolge und Hütern, welche der Vater oder Gemahl gesetzt hatte; ihr war unpassend, mit einem fremden Manne allein zu sprechen. Nach 1100 wurde diese orientalische Hut auch in Deutschland strenger. Edle Frauen verhüllten sogar auf Reisen und wenn sie unter dem Volke erschienen, mit einem Kinntuch das Antlitz. Natürlich hatte alles dies keine andere Folge, als den geheimnisvollen Reiz eines Liebesabenteuers zu vermehren und die Erfindungskraft der Bewerber zu schärfen. Denn dieselbe Sitte, welche das adelige Weib solchem Zwang unterwarf, machte ihr ruhmvoll, viele Bewerber zu haben, vor andern solche, die in süßen Versen ihr Lob im Lande zu verkünden wußten. War auch der Ritter verschwiegen, man ahnte und raunte doch, wem sein Lied galt, und je größer die Zahl der Nebenbuhler, desto eifriger war ihr Dienst, und desto größer der Ruhm des Siegers.

Der deutsche Ritter forderte von seiner Frau vor allem Zucht und Sitte, daß heißt: die Haltung guter Gesellschaft in jeder Lage des Lebens. Seine Verehrung gab ihr gern das Prädikat „rein“, ebenso wie der Jungfrau Maria; der wohlgezogene Mann feierte, wie dringend auch sein eigenes

Werben war, ihre Keuschheit und würdige Haltung gegen fremde Männer. Denn begehrlich umherspähende Augen, zuvorkommendes Lachen für jeden ziemten der deutschen Herrin nicht. Ehrbar in Haltung und Gebärde sollte sie erscheinen, von bescheidener und gehaltener Freundlichkeit, ihr holdes Lächeln war eine Belohnung des Treuen. Aber auch der Worte sollte sie mächtig sein, sinnvoll dem Anredenden Bescheid geben, den Dreisten fest zurückweisen, dem Freunde in kurzer Rede bedeutsamen Gruß spenden. Ihre äußere Erscheinung mußte fesseln, und sehr viel galt elegante und nach Stunden passend gewählte Kleidung. Es waren dieselben weiblichen Virtuositäten, welche noch jetzt einer vornehmen Frau Erfolg sichern.

Deshalb war die tägliche Arbeit einer Frau, sich sorgfältig zu hüten, so oft sie unter Männer kam; sie war von Werbenden, von Aufsehern und der größern Menge der gleichgültigen und verleumdungssüchtigen „Merker" argwöhnisch beobachtet in Miene, Gebärde und Wort, wie sie einherschritt, wie sie grüßte, wem sie lächelte. Dies alles höfisch zu machen, sich nie eine Blöße zu geben, immer anzulocken und zu versagen, war die Aufgabe derer, welche sich als gefeierte Schönheiten in sicherer Stellung erhalten wollten. Daher die endlosen Klagen der ritterlichen Sänger über die Fruchtlosigkeit ihres Dienstes, die helle Freude, wenn die Herrin ihnen einmal freundlichen Blick, Gruß und teilnehmende Rede gönnte. Bei der vornehmen Koketterie, welche diese Stellung der Frauen ausbildete, waren zuverlässig die Charaktere am besten dran, denen ein kaltes Herz und stete Gefallsucht das Spiel um ein Nichts zur Lieblingsbeschäftigung machten. Es scheint damals in Deutschland an solchen Damen kein Mangel gewesen zu sein.

Größeren Anteil beansprucht die hochsinnige Frau von reichem Gemüt und starker Leidenschaft, ihr brachte das Ritterspiel ernste Gefahr. Sie stand in einem Kreise, in welchem die Regel der Sitte zu unheimlicher Feinheit ausgebildet, die Sittlichkeit sehr gering war. Die große Mehrzahl der Männer gehörte einem Berufe an, der fast ausschließlich Körperkraft und Reiterkunststücke übte, trotz allen Lehren des Anstandes und guter Haltung war die Unwissenheit groß, die Zudringlichkeit schwer zu bändigen. Traf das Weib unter den wilden einmal auf wirkliche Leidenschaft, auf einen Geist, der größer war als die Mehrzahl der andern, eigener kluger Gedanken mächtig und süßer Weisen kundig, und hörte sie das Lob ihrer Tugenden von seinen Lippen, empfand sie den Ruhm, den sie durch seine Lieder gewann, oder sah sie, daß der werte Mann um ihretwillen sich Demütigungen und Gefahren aussetzte, dann entstand wohl zwischen ihr und ihm ein Verhältnis, dessen heimliche Innigkeit und Zartheit ihr als das höchste Glück ihres Lebens erscheinen mußte. Ihr blieb der innere Kampf zwischen

Ehre und Liebe nicht erspart; denn wie frei die deutsche Sitte um 1200 auch den Mann stellte, so weit ging die höfische Verbildung nicht, der hingebenden Frau das Gefühl zu nehmen, daß sie für den Geliebten andere Pflichten verletze. Immer stellt in den ritterlichen Liedern die Geliebte dem Drängen des Bewerbers die Rücksicht auf ihre Ehre gegenüber. Und doch ist uns von diesen innern Kämpfen der Frau verhältnismäßig wenig überliefert, nur ahnen können wir, daß sie zuweilen tief und leidvoll waren. Dann wird auch das Urteil mild, wenn aus einem erhaltenen Liede einmal die selige Freude des erhörten Geliebten hervorbricht. . . . . .

. . . . Seit dem Jahre 1170 siegten die deutschen Verse der ritterlichen Bewerber in den Frauenherzen über die schönen lateinischen Perioden, worin der gelehrte Geistliche die Seelenfreundin beschwor. Überall an den Höfen der deutschen Edlen tönte der Minnegesang, und die Frauen sammelten die Lieder ihrer Sänger und hefteten die kleinen Pergamentstreifen, welche ihnen zugesteckt wurden, sorglich zusammen. Aus diesen fliegenden Blättern wurden die ersten Gedichtbüchlein in deutscher Sprache, sie wurden umhergetragen, mit neuen Liedern vermehrt, endlich zu Sammlungen vereinigt, welche uns noch erhalten sind. Was uns diese Minnelieder von dem Verhältnis des Sängers zu seiner Herrin künden, sind immer dieselben Stimmungen: Lob der Schönheit und Tugend, Klage über Dienst ohne Erhörung,

Freude über den stattlichen Aufzug und einen Gruß der Geliebten, zuweilen ein verstohlenes und sinnvolles Wechselgespräch, endlich die Klage der Frau, wenn der Geliebte am Morgen von ihr scheidet. Aber nicht häufig bieten sie individuelle Züge, welche uns die Liebenden menschlich nahe stellen. Und die Variation stehender Gedanken, Prädikate und Situationen ermüdet. Wir geben auch bei Walter manches Minnelied, welches vornehme Frauen feiert, für das reizende Lied, worin seine Jugendgeliebte, ein Dorfmädchen, den Ort ausplaudert, wo sie mit ihm in den Blumen geruht habe: „Wenn einer wandert da vorbei, an den Rosen er wohl mag, tandaradei, merken, wo das Haupt mir lag." Nicht immer sind es die berühmtesten Sänger ihrer Zeit, z. B. nicht Reinmar der Alte, welche uns lieb werden; zuweilen erfreut bei kleinen Talenten oder in Liedern, deren Verfasser ungewiß sind, eine herzliche Innigkeit und interessante Beziehungen zwischen Mann und Frau. . . . . .

Der höfische Frauendienst verlor seine Bedeutung in der eisernen Zeit, welche etwa seit 1220 über Deutschland kam. Doch ganz verschwand er nicht aus den deutschen Burgen, noch im fünfzehnten Jahrhundert, kurz bevor Götz von Berlichingen im Walde auf die Nürnberger lauerte, werden wir ähnlichen abenteuerlichen Huldigungen begegnen. Bald auch hörten die Dienstmannen und Ritter auf, Träger der nationalen Poesie zu sein, aber der deutsche

Gesang, welcher bei ihnen begonnen, klang fort in den Stuben der Bürger, am Studiertische der Mönche, auf den Kreuzwegen, wo fahrende Leute hielten. Der unermeßliche Segen blieb der Nation, den Versen folgte die deutsche Prosa; Urkunden, Rechtsbücher, Chroniken wurden jetzt deutsch geschrieben, zwei Jahrhunderte nach dem Tode Kaiser Friedrichs II. wurde das erste Buch gedruckt.